中国社会科学院城市经济学重点学科建设资助

智慧城市论坛 No.1

Collected Papers of Smart City Forum

李　扬　潘家华　魏后凯　刘治彦 | 主编

社会科学文献出版社
SOCIAL SCIENCES ACADEMIC PRESS (CHINA)

智慧城市论坛 No.1 编委会

主编简介

李 扬 1981 年、1984 年和 1989 年分别于安徽大学、复旦大学和中国人民大学获经济学学士、硕士和博士学位，1998 ~ 1999 年担任美国哥伦比亚大学访问学者。现任中国社会科学院党组成员、副院长，中国社会科学院首批学部委员，研究员、博士生导师，第十二届全国人大代表，全国人大财经委员会委员，中国博士后科学基金会副理事长，第三任中国人民银行货币政策委员会委员，中国金融学会副会长，中国财政学会副会长，中国国际金融学会副会长，中国城市金融学会副会长，中国海洋发展研究会副理事长等职。2011 年被评为国际欧亚科学院院士。曾五次获得"孙冶方经济科学奖"著作奖和论文奖，已出版专著、译著 23 部，发表论文 400 余篇，主编大型金融工具书 6 部，主持国际合作、国家及部委研究项目 40 余项。

潘家华 中国社会科学院城市发展与环境研究所所长、研究员，中国社会科学院可持续发展研究中心主任，中国社会科学院研究生院教授、博士生导师，国家气候变化专家委员会委员，国家外交政策咨询委员会委员，北京市政府专家咨询委员会委员，中国生态经济学会副会长，中国生态文明研究与促进会常务理事，国家973项目首席科学家，享受国务院特殊津贴专家，中宣部"四个一批"人才，中组部"万人计划"首批哲学社会科学领军人才。曾任UNDP北京代表处高级项目官员、能源与环境顾问，联合国气候变化专门委员会社会经济评估工作组（荷兰）高级经济学家。中央政治局集体学习时（2010年）讲解"关于实现2020年二氧化碳减排目标的思考"。主要研究领域包括可持续发展经济学、土地与资源经济学、世界经济、能源与气候政策等。主持完成多项国际合作、国家自然科学基金、科技支撑973、院重大、国家部委和地方省市委托研究项目，撰写和主编学术专著多部，在《科学》（2008，2012）、《自然》（2009）、《牛津经济政策评论》（2009）等国际刊物和《中国社会科学》（2002，2009）、《经济研究》（1993，2008）等国内刊物上发表中英文论（译）著300余篇（章、部）。

魏后凯 中国社会科学院城市发展与环境研究所副所长、研究员，中国社会科学院研究生院城市发展与环境研究系主任、教授、博士生导师，享受国务院特殊津贴专家。兼任中国社会科学院西部发展研究中心主任、中国区域科学协会候任理事长、中国区域经济学会副理事长、中国城市经济学会副会长、中国城市规划学会区域规划与城市经济学术委员会副主任、中国地质矿产经济学会资源经济与规划专业委员会副主任，国家民委、民政部、北京市、山西省等决策咨询委员，担任十多所大学兼职教授。近年来，主持完成60多项国家重大（点）、中国社会科学院重大（点）以及有关部委和地方委托研究项目，公开出版独著、合著学术专著13部，主编学术专著20多部，在《中国社会科学》《经济研究》等发表中英文学术论文300多篇，其中60多篇被《新华文摘》和《人大复印报刊资料》转载。主持或参与完成的科研成果获20多项国家和省部级奖项，向国务院提交20多个政策建议，多次获得国家领导批示。

刘治彦 中国社会科学院城市发展与环境研究所党委委员、城市经济研究室主任、研究员，中国社会科学院城市信息集成与动态模拟实验室负责人，中国社会科学院研究生院教授、博士生导师。长期从事城市经济学理论、方法与应用研究，负责中国社会科学院城市经济学重点学科建设。为中国城市科学研究会、中国城市经济学会等学术团体理事，中国人民大学复印报刊资料《区域与城市经济》编委，国家社会科学基金项目、国家软科学研究项目评审专家。近年来负责主持40多项国家社会科学基金、中国社会科学院重大（点）、国家部委和地方政府委托以及国际合作研究项目。独著、主编和合著学术专著30多部，在 *Environ-*

ment and Urbanization（*Asia*）、《城市发展研究》《人民论坛》等发表中英文学术论文、研究报告 100 多篇。主持或参与完成的科研成果获全国"五个一工程奖"、国家发改委优秀研究成果二等奖、中国城市经济学会优秀著作奖等多项奖励，有关政策建议得到决策层采纳。

开幕介绍

潘家华[*]

各位领导、各位嘉宾、女士们、先生们：

大家上午好！

今天我们聚集在一起就中国社会科学院城市信息集成与动态模拟实验室发展和智慧城市建设做一次高层研讨。我们非常高兴也非常荣幸地邀请到了国内这方面的权威领导和专家。请允许我首先介绍今天与会的领导和专家，他们是中国社会科学院副院长李扬教授，中国工程院院士、中国社会科学院学部委员李京文教授，国务院参事、第三世界科学院院士牛文元教授，中国工程院院士王如松教授，国务院发展研究中心发展战略部原部长、研究员李善同，国家发改委地区司巡视员、国家地理空间信息协调委员会办公室主任陈宣庆，国家开发银行行务委员、专家常委会副

---

[*] 潘家华，1957年生，湖北枝江人，中国社会科学院城市发展与环境研究所所长、研究员、博士生导师，国家973项目首席科学家。

主任汪子章，中国移动通信研究院首席科学家、"千人计划"专家、中国无锡物联网研究院院长陈维，国家统计局城调队原队长、高级统计师黄朗辉，重庆市南川区区长、高级工程师曹清尧，中国物流学会副会长、研究员戴定一，中国社会科学院图书馆常务副馆长何涛，中国科学院科技政策与管理科学研究所研究员、973 项目首席科学家王铮，国土资源部信息中心副主任、教授李晓波，商务部投资促进局副局长杨依杭，新华社新华网副总裁魏紫川，人民日报社《人民论坛》副总编陈阳波，北京超图软件股份公司副总经理梁军，中国科学院遥感与数字地球所卫星数据技术部主任、研究员李国庆，清华大学城市规划研究所教授党安荣，环境保护部污控司高级工程师裴相斌，国务院发展研究中心高工李广乾，中国科学院资源环境信息国家重点实验室研究员杨小唤。今天在座的还有中国社会科学院城市发展与环境研究所党委书记赵燕平女士，副所长魏后凯教授，让我们以热烈的掌声对各位领导和嘉宾的到来表示欢迎。

今天是三国元首齐聚中国的日子，希望我们的会议能够像三国元首会晤一样取得圆满成功。下面请李扬副院长致辞，大家欢迎。

发挥交叉学科优势，探索智慧城市建设

李　扬[*]

尊敬的各位来宾、女士们、先生们：

大家早上好！潘家华所长已经说了，今天是一个三国元首齐聚中国的日子，表明中国繁荣昌盛，未来的前景十分美好。在我最近参加的城市会议当中，今天来的嘉宾水平最高、涉及领域最广泛。首先，我代表中国社会科学院对本次会议的召开表示祝贺，同时对来自各相关领域的专家和学者表示热烈欢迎和衷心感谢。

当前，中国城市发展涉及社会经济发展，涉及土地改革，涉及人口战略，也涉及我们在国际上和其他国家的合作，意义重大。城市问题是复杂的综合性问题，我们今天选取的角度是智慧城市的角度，就是要以城市为依托，推进中国下一步的发展。众

　＊　李扬，1951年生，安徽怀远人，中国社会科学院党组成员、副院长，中国社会科学院首批学部委员，国际欧亚科学院院士。

所周知，2011 年中国城镇化率首次突破了 50%，进入城市社会阶段，在快速城镇化的过程中，由于人口、产业、交通、运输等高度聚集，以及全球气候变化与城市自然灾害频发等，"城市病"出现了，城市的脆弱性在加剧。传统的城市管理手段难以提高城市管理的效率，难以降低城市运行的风险和成本。为了解决这些问题，2006 年颁布的《国家中长期科学和技术发展规划纲要（2006~2020 年）》中，就专门设立了城市发展与城镇化科技问题的研究专题，提出到 2020 年城市发展与城镇化科技发展的目标。规划还提出要建立城镇化预测监控信息系统，为经济发展与城镇化协调发展提供技术保障，研究城镇发展的资源合理利用问题，治理环境污染，改善交通状况，发展居住环境和防灾减灾的关键技术，建设可持续发展的现代化城镇，促进城镇建设相关产业的发展，走新型工业化发展道路，为城镇建设提供支撑，最大限度地吸纳农村富余劳动力等。

2012 年党的十八大提出了"五位一体""四化并举"的现代化总体部署和战略路径，明确走集约、绿色、低碳、智慧的新型城镇化道路。多年来，中国社会科学院城市发展与环境研究所在生态、绿色、低碳城市建设方面开展了大量研究工作，是国内外较早从事气候变化和低碳城市研究的单位之一。提出了基于公平人文发展权的碳减排方案，得到了国际上大多数国家的认可；在探索新能源产业化与低碳城市建设方面，也开展了大量的研究工作，做出了比较大的贡献。2008 年城市发展与环境研究所与中国气象局共同建立了气候变化经济学模拟联合实验室，被列入中国社会科学院首批重点实验室。当前智慧城市建设作为新型城镇化与城市现代化的又一重要抓手在各地积极推进，国家确立了193 个智慧城市建设示范区，投入了万亿元的资金，探索智慧城市建设。但是智慧城市建设不仅仅是城市信息基础设施等硬件建设，更重要的是"城市系统软件"的建设。在信息爆炸和大数据的背景下，如何运用新一代的信息技术和智能技术，动态采集城市系统的信息，并通过计算机和计算技术，系统模拟城市运行的机制与状态，对城市进行科学合理的调控，从而实现城市的健康发展，是一个重大的理论和现实问题。

从这个意义上说，智慧城市建设今后要更加注意城市信息集成与动态模拟的研究。作为一个复杂系统，城市系统包含经济、社会、文化、生态环境各个系统，智慧城市建设和城市模拟技术的发展，必然需要多学科共同协作完成。这些学科包括经济学、社会学、地理学、信息科学、政策模拟科学等。今天我们邀请了来自上述各个领域的中国最杰出的专家和学者，共同探讨我国智慧城市建设和城市模拟技术的发展大计。我们真切地希望各位专家学者畅所欲言，提供宝贵经验，贡献专业才智。

中国社会科学院落实国家"十二五"规划，实施国家哲学社会科学知识创新工程，积极推进社会科学重点实验室建设，目前已有 30 多个实验室，其中部分实验室已经粗具规模，如金融实验室等。2010 年底，我们依托城市发展与环境研究所组建了城市信息集成与动态模拟实验室，并认定其为社科院首批 18 个重点实验室之一，可以说城市实验室生逢其时，我们希望它不辱使命，早日成为国家智慧城市建设研究的核心力量，为我国走新型城镇化道路提供强有力的技术支撑。实验室组建以来，进一步明确发展思路，积极开展对外合作，先后与有关部委和科研机构建立了专业联系，承担了一些院、部级重点项目，正在积极地开展城市信息库建设与城市系统动态模拟研究，以期为城市健康发展提供技术支撑。

城市信息集成与动态模拟实验室的进一步发展离不开各位领导和专家学者的支持，希望大家能够为实验室的建设与发展献计献策，共同推动实验室向高水平城市决策智库迈进。中国社会科学院将以此次论坛和座谈会为契机，进一步加强城市模拟学科的力量，加快实验室的建设步伐。我们相信，有各级领导的高度重视，有在座各位专家和同志们的大力支持，有实验室工作人员的不懈探索和创新，实验室将迎来一个发展的春天，我国智慧城市建设和城市模拟技术将会拥有更加美好的前景。

另外，我想大家可能已经注意到，在中央的层面上关于城镇化的提法有比较大的变化。今后三中全会部署整个改革方案的时候，城镇化可能被置于城乡发展一体化这个总题目下，就是说在国家层面要做城乡一体化。城乡一体化具有战略意义，就城市发展城市，是一种经济社会文化分割，也是一种身份分割。可以设想一下，中华人民共和国有两种人，其中有一种人是乡下人，国家提供的很多公共服务他们都不能享受，这是不能容忍的事情。社科院经济所的一些专家以前提过这样的情况，说人一生下来身份就被打上了"标签"，这种状况一定要避免。在城乡一体化的转型背景下研究城镇化有四个支柱：城市化、农村现代化、城乡公共服务均等化以及分配制度的改变。城镇化和城市的研究要有新思路。

最近我们还有一个感受，觉得有的时候跟不上中央的步伐，有的提法我们还没有提到，有一些研究我们还不知晓。不仅是不知道信息，而且有的专业知识都不一定跟得上，所以研究界要有紧迫感了，要根据党中央和国务院以及国际上的最新进展，重新确定我们的研究方向和重点、理论和政策。今天各界精英聚集于此，我相信我们的探讨一定会有新的成果，最后预祝大会圆满成功，谢谢各位。

目　录

专题 1
智慧城市建设内涵与进展

智慧城市论坛No.1

智慧城市建设的本质与前景

牛文元[*]

尊敬的李扬院长、各位著名的专家学者和同行们：

上午好！非常高兴来参加社科院城环所关于重点实验室建设这一个非常重要的会议。我在中科院工作已有 50 多年了，一直都把社科院的人当作自己人，内心中从来没有分成两部分。今天非常荣幸可以在一起共同讨论一些问题。我在这里谈一下这些年来关于智慧城市学习研究的新体会。

我们都知道，城市是人类社会进化中一个非常独特而自然的社会形态，因为它集中体现了财富增长、文化发展、社会进步三大基本要素。

第一，动力元素。也就是说，城市能够提供发展的动力，一

---

* 牛文元，男，1937 年 11 月出生，国务院参事，全国政协委员，第三世界科学院院士。中国科学院科技政策与管理科学研究所研究员、博士生导师。中国科学院可持续发展战略研究组组长、首席科学家。

个城市本身的发展是先进生产力的平台和载体，历史上如此，现在依然如此。

第二，质量元素。这里说的质量包括两方面，一方面指城市的发展如何与自然包括资源、环境、生态取得平衡，取得一种互相作用下的最小消耗以及同自然和谐共处的状态；另一方面则指人类居住在城市是为了更好地生活，既需要清洁的空气、舒适的住所，也需要一个非常惬意的工作环境，这是生活质量的体现。亚里士多德说过人类到了城市就是为了更好地生活，我记得2010年上海世博会的口号就是"城市，让生活更美好"。

第三，公平元素。这个公平最主要体现在：①城乡之间如何统筹发展；②城市和城市之间如何互相协调；③城市所代表的区域和区域之间如何取得平衡。

因此，我们说动力、质量、公平这三大元素是城市发展的最基本的内涵体现，在这种体现的过程中，国外流行一句话叫作"城市的成功就是国家的成功"，我想这句话本身虽然也可以找出很多毛病来，但是从本质上来看，一个国家的成功的确要依靠它的城市发展，要依靠它的城市化进程的健康程度，这个是应该肯定的。

进一步就要讲到智慧城市，智慧城市是在新一轮的经济增长中，动力、质量、公平这三大元素在更高水平上的集合体。我试图给出一个定义：智慧城市是集自我创新功能、时空压缩功能、自动识别功能、智慧管理功能于一身的高度数字化、网络化、精准化、智能化的信息集合体。在这个定义中，应用信息化、知识化和超大计算能力，全方位实施城市的网络化、宽带化，普及数字生产、数字流通、数字消费以及相应的数字地图、传感网、物联网、泛能网、云计算、大数据等技术，对城市的方方面面实施有效的智慧监控，达到精准识别并直接参与城市规划、城市建设、城市生产、城市流通、城市管理以及设计教育、健康、安全，一直到家庭的智慧服务。必须将智慧城市看作信息时代的载体，新一轮财富攫取的矿床，实施可持续发展的支撑。同时要在新条件下寻求城市动力、质量、公平三大元素的交集最大化，逼近实现零废品、零库存、零中间交易成本的"三零"目标。当然，智慧城市也涉及一系列顶层设计、全面规划和相应的基础设施布设，这就要求突破某些相关的关键技术，这些关键技术我在这里就不一一列举了。比如超大容量、超高速的计算中心，光电转换的路由技术以及一系列有关的计算技术、传感器等，当然还有网络布设、标准统一等相应的建设。

在研究过程中，大家逐渐认识到智慧城市的研究需要经过三个最基本的顶层思考。第一个就是顶端规划设计的"制度文本"，无论国内还是国际目前还没有一个城市拿出了智慧城市顶层规划的制度文本，这个文本应当是高智能化的、高度集成的，是知识、技术和市场密切结合的。第二，有了制度文本以后，就需要一个标准统一的"设计文本",就是说根据制度文本的要求,进行多元化、标准化和通用化的设计方案。第三,在上述基础上进一步细化到功能性的"运行文本"。目前我们看到的都是一些零零散散的东西,大量的是"信息孤岛""碎片化"以及各行其道的东西,可以说目前全世界还没有一个可以完整体现智慧城市建设的总体设计和战略规划。

有了智慧城市的顶层设计与相应的基础布设之后,接下来智慧城市建设要面对的就是"智慧产业",因为智慧城市建设的核心就是提升它的"动力",这个动力靠什么体现?就是智慧产业。我们必须牢牢记住,智慧产业永远是推进新型城市化建设的核心和创新战略的主线,没有这一条,智慧城市建设就是一句空话了。未来 20 年城市智慧产业的前景,我在这里就不详细讲了,仅举一个例子。美国奥巴马政府集中了 100 多位高科技人才、科学家、工程师、管理学家等,用了几个月的时间最后做出了未来 20 年技术预见下的智慧产业群,包括总体路线图、产业部署计划和相应实施的三套方案。奥巴马在美国国会做国情咨文时,志得意满地说,凭此美国就不做世界第二。这项成果总结了 7 个主要技术领域的预测结果,集中强调了具有巨大吸引力和战略意义的技术突破和市场潜力,一经披露立即引发全世界各方面的极大关注,如图 1 所示,我在这里就不详细介绍了。

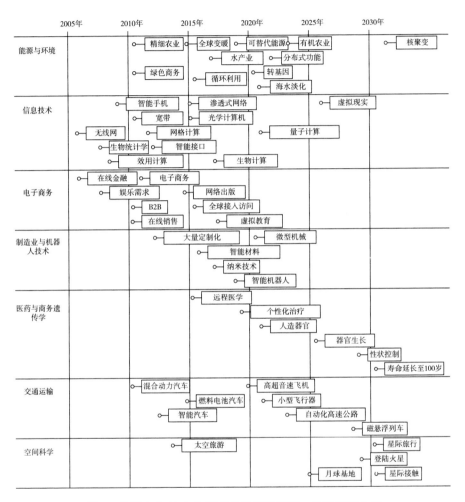

图1 美国未来20年智慧产业预见路线图：从远景到主流

图1是美国未来20年智慧产业预见的一个总体构想图，分别标明在不同的时期什么产业会出现，什么产业会消亡等。当然中国的发展阶段、发展特点和发展潜力与美国不一样，但是我们可以借鉴。这个智慧产业群进一步分成能源和环境产业、信息产

业、先进制造业、医疗和生物产业、智能交通产业、商务贸易产业，以及航空航天产业。这提示我们，一个智慧城市的建设最核心的是提升智慧产业。而智慧产业当然要靠创新，要靠各种最新的产业创新，包括我们所说的第三次工业革命，包括以智能电网和分布式能源为基础的新能源等。

下面我讲智慧交通。城市在发展过程中产生了一系列"城市病"，最突出的有两项，一是交通拥堵，二是环境质量不高，这些问题要通过智慧交通的建设来逐渐消解。新一轮城市的智慧交通体系要构建新一代超高速、全元素、智能化、无障碍、超便利的城市人流输送体系和物流输送体系，这个要求相当高。

我举几个例子。图2讲的是个人环保出行工具应当如何建设，以及城市立体空间应当如何建设，这些都是最近人们很关注的一些问题。比方说自动巡航汽车，新型的氢能源汽车，人车分

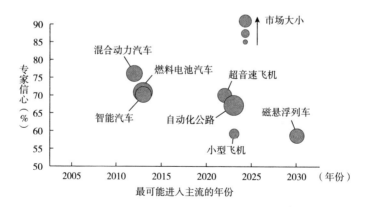

图2 到2030年智能交通产业的技术突破与市场预测

流的城市交通体系，以及未来新型的立体捷运通道布设等。也就是说，地铁系统的通道不能只走地铁这一个工具，同时还要兼顾好几件事，再有就是未来的城际超高速通道等，我就不详细加以介绍了。

还要谈一下智慧流通，就是我们现在耳熟能详的物联网、传感网、云技术、大数据等是如何在人们的生产、流通和消费当中发挥其巨大作用的。智慧流通一般要追求三大终极目标：一是零废品，生产者通过智慧城市的建设，基本上不产生废品，这是一种资源节约，对环境本身也有利；二是零库存，个性化的、量身定制的产品直接达到用户；三是实现零中间交易成本，这就是刚才已经提到的。大家知道我们现在的中间交易成本在 GDP 构成中占相当大的比例。

这里提到了传感网、物联网、泛能网、云计算、大数据、超算中心等组成了智慧城市，一会儿还有其他专家再进行介绍，我就不再详细讲了。下面我还想单独讲讲智慧管理。全网条件下我们说的不仅是互联网，还包括广播电视、手机通信、IP 电话等，对其的社会管理已经成为全世界当下关注的核心问题之一。如何识别网络社会（虚拟社会）形成的规律，预见网络社会的突发事件，建立网络社会的公序良俗，这是智慧城市管理的又一核心任务。如何在复杂的网络条件下适应"量子化社会"的全新结构与功能，并做出超前的研究部署，这是包括美国和俄罗斯等在内的世界大国都十分关注的前沿课题。此前中央宣传工作会议已经对这个工作给予了高度的重视。美国国土安全局在 2003 年就开始制定了一项 ADVENSE 计划，开展了社会安全的全面研究。美国依据《宪法第一修正案》和《爱国者法案》形成网络敏感词库，大家可以看看他们在做什么。俄罗斯于 2011 年部署建造了一台名为"德米特里·门捷列夫"的超级计算机，就是为了向总统提出有关社会安全的建议。

智慧城市建设的战略思考是智慧城市将实现两大革命，一是生产方式、生活方式、流动方式和公共服务的巨大变革，二是政府决策、社会管理、公共服务和社会民生的革命性进展，这是智慧城市需要达到的两大最基本的变革。智慧城市建设在全球具有四大战略意义，即全面提升城市的生产力水平、全面提升城市的创新能力和竞争水平、全面提升城市的管理服务水平、全面提升城市的社会民生幸福水平。可以说对智慧城市的要求是非常高的、是时代性的。

到 2011 年国际上提出建设和试点智慧城市的数目已经超过 200 座，韩国提出了 U－CITY 智慧城市大纲，日本提出了 I－JA-PAN 城市计划，美国、荷兰等都在筹划关于智慧城市的建设。截至目前，中国提出要建设智慧城市的数量将近 200 座，规划投入的建设资金超过 2 万亿元。我在这里提出一个问题：截至目前，提出建设智慧城市的数量这么多，但是真正认识智慧城市顶层设计、真正能够体现智慧城市内涵，以及真正实施智慧城市基础设施建设的到底有几个？坦率地说，截至目前我们一个也没有看到。

建设智慧城市必须抓住五大战略要点：一是智慧城市的顶层设计与总体规划，二是智慧城市基础设施的整体布设、多元融合和统一标准，三是数字生产、数字流通、数字分配、数字消费的全面建设，四是智慧产业和智慧交通的建设以及全方位物联网、监测网、计量网的建设，五是城市安全、市政管理与家庭智能生活的建设。

世界银行进行过测算，一个有百万人以上人口的智慧城市建设，当其达到实际应用程度时，该城市在投入不变的情况下，财富会增长 2～2.5 倍。刚才我们讲了智慧城市能够提供财富增长的动力，在这里就可以体现出来了。这意味着智慧城市可能促进经济增长翻两番，实现联合国倡导的"四倍跃进"的可持续发展目标，也就是用现在一半的能源产出比现在多一倍的财富。

最后我想说，中国社科院启动以智慧城市为中心的这样一个重点实验室，对推动中国智慧城市的发展具有非常重大的意义。

"五位一体"建设生态智慧城市

王如松[*]

各位领导、各位来宾：

上午好！我报告的题目是""五位一体"建设生态智慧城市"。生态智慧是自然生态智慧和人文生态智慧的融合，即天人合一，不仅有人的聪明才智，还有大自然的鬼斧神工。我讲两点，一个是"五位一体"，第二个是真善美融贯的生态智慧。

中国正在进入工业化社会，工业文明极大地提高了我们的生活品质、认知能力和生存技术。但我们的生态风险在增加、生态循环在弱化、生态适应能力在退化。这些问题的根源是物质能量代谢关系的失衡和社会经济管理的失调。我们现在的环境和经济是脱节的，生产和消费是分离的，体制条块分割，认知支离破

* 王如松，1947年9月生，江苏南京人，现任中国科学院生态环境研究中心研究员，博士生导师，中国工程院院士。

碎，科学还原论占主导，决策就事论事。比如科学院原来包括社科院和中科院，在"文革"中被分开了。每一个院的所室和学科分得很细，科学基本上还是还原论占主导。由于缺乏综合管理的机制和体制，1加1是小于2的。这些问题都是不平衡、不协调、不可持续的问题，实质上是人与人、人与自然、局部和整体关系失衡和失调的生态方法问题。

10月的北京本来应该是秋高气爽，但2013年从10月3日到7日都是灰霾笼罩，空气质量一天比一天差，这有区域气候和局地地理条件的客观原因，但最根本的原因还是不适宜的人类活动导致环境、经济、政治、社会、文化五者关系不协调，这不是单一的环境因子、单一的生产过程或单一的消费行为问题。我们正处于工业文明的初级阶段，我们的建设是物理系统的建设，以矿物质代谢为主导的低端重工业产业结构，生产大于消费，经济脱离环境。闭环的物理系统的熵即无序度是越来越大的，而生态系统是以生物质代谢的循环再生、天人关系的协同共生和适应自生为主导的开放系统，其生产和消费是平衡的，其信息是有机的，系统具有自组织和自调节功能，向着熵越来越小的方向演化。应当说我们的工业文明智慧，具有高碳发展、链式发展、科技单科发展、差异发展、高速发展、脉冲发展和灰色发展的特征，对人类社会具有正负两方面的影响。这里说的科技不一定都是智慧，科技进步不一定会带来社会的福祉。如何从工业文明初级阶段的机械智慧走向高级阶段的生态智慧，将其负面影响降到最小，需要探索一种能促进低碳发展、循环发展、智慧发展、和谐发展、适度发展、均衡发展和绿色发展的新型智慧。这就要求我们弄清水、土、气、生物质、矿物质等生态因子，能量流、物质流、信息流、资金流、人口流及时空格局等生态过程（自然生态），生产、流通、消费、还原、调控等生态功能（经济生态）以及中间的人口（社会生态）、人治（政治生态）、人文（文化生态）间的耦合关系。社会生态、政治生态和文化生态三个子系统加上经济生态和自然生态子系统，这就是"五位一体"的城市复合生态结构（见图1）。

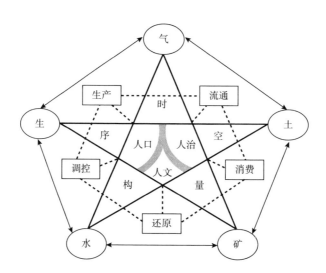

图1 社会－经济－自然复合生态系统

图2是明朝成化帝宪宗朱见深登基不久后绘制的《一团和气

图》,作于 1465 年。粗看似一笑面弥勒盘腿而坐、体态浑圆,细看却是三人合一。左为一着道冠的老者,右为一戴方巾的儒士,二人各执经卷一端,团膝相接,相对微笑,第三人则手搭两人肩上,露出光光的头顶,手捻佛珠,是佛教中人。作品构思绝妙,人物造型诙谐,用图像的形式揭示了儒、释、道"三教合一"的主题思想。其实,中国人本质上不信宗教,儒、释、道与其说是宗教,还不如说是学说。中国文化高度包容,三教一体,九流一源,百家一理。当代世界的经济、社会和自然生态危机,不是单一的市场经济、社会主义和绿色发展机制所能解决的。建设中国特色社会主义就是要把图 3 左边经济发展的"钱",政治管治的"权",自然演化的"能",人文归宿的精"神",社会发展的

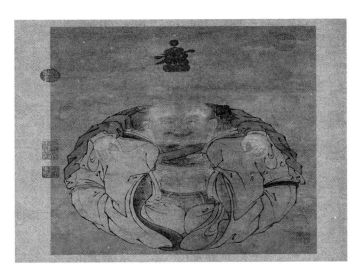

图 2　一团和气图

人"气"之间的排他关系通过生态文明融合到图3右边的环境、经济、政治、文化和社会建设中去，把条块分割的离散世界整合为"五位一体"的具有中国特色的生态文明世界。

只有通过这种革新，才有可能使我们躲过危机，引导地球复合生态系统的永续发展。

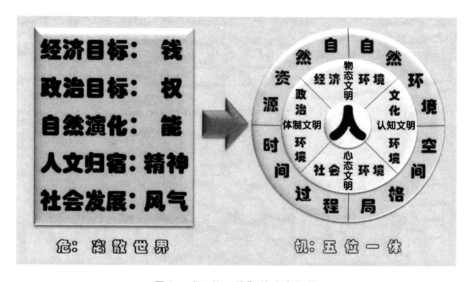

图3 "五位一体"的生态智慧

现在全社会都在讲生态，智慧城市必须有生命的主体、环境的支撑，有遗传进化、开拓竞生、反馈再生、适应自生和整合共生的能力，才算是生态。"五位一体"建设城市生态文明，其核心就是系统生命力的培育，关键是关系型信息的辨识、反馈、调控和进化，切入点是复合生态关系的科学整合与文明调理。

习近平总书记在十二届人大闭幕会上的讲话很精彩，提到了中国道路、中国精神、中国力量。从生态文明的视野来讲，中国道路就是将生态融入经济、政治、文化、社会和环境保护工作，将文明贯穿认知、体制、物态、心态的中国特色社会主义道路；中国力量就是资源承载力、内禀生长力、环境应变力和体制整合力软硬结合的生态凝聚力；中国精神是科学精神的真、人文精神的善和生态精神的美的有机融合。科学精神就是求真、格无、质疑、创新。求真的核心就是要推进科学的大智，从数据、信息、经验、知识上升到智慧。人文精神是儒、释、道诸子百家合一，功利、道德、信仰、天地、境界共荣的扬善、厚德、明诚、包容，其核心是一个"善"字；而生态精神则是顺天拓运的竞生、自生、共生和再生机制，其核心是一个"美"字，即将思想、方法、技术、智慧相结合的巧夺天工的系统美。中国的生态文明正在经历智慧转型，从个体到群体、从物态到心态、从还原到整合、从信息到智慧。未来美丽中国的美是系统生机的神态美，而不是简单的形态美。中国梦的这种美实质上是运用生态哲学的视野、生态科学的原理、生态伦理的情怀和生态美学的方法去谋划人和自然、社会、艺术的审美关系，构建整体和谐美，协同进化美，循环反馈美和自生刚柔美，这是内在的美、系统的美。

生态智慧的核心是推进传统科学方法、人文思想和生态技艺从格物到格无（即研究对象主要不是系统的有形组分，而是组分间无形的耦合关系）、从测量到测序（即研究目标主要不是辨识个体的量而是整体的序）、从寻优到寻适（即研究方法主要不是若干假设条件下的优化，而是渐进式适应环境的进化过程）、从整形到整神（即调控对象主要不是物理环境的形态而是生命群体的心态）的进化和提升。

智慧管理是核心的核心，如何从数据上升到信息，再到经验和知识，最后到智慧，这就是生态进化。未来美丽中国的产业生态建设，要从以生物链为主的小农经济链、以矿物链为主的物态经济链向生物链、矿物链、服务链、静脉链和智慧链"五链一体"的"生态经济环"过渡。空间格局要从过度密集的特大城市向适度分散的中小城镇过渡，生产工具要从分门别类的传统技术上升为系统智慧，生活导向要从富裕走向健康，信息反馈要从树状走向网状，社会诉求要从公平走向和谐，社会发展追求系统和谐而不是绝对公平，绝对公平就是热力学上熵的最大化，结果会导致系统的崩溃。

过去的环境保护工作主要集中在末端的污染防治上，智慧城市的环境不仅是一个污染治理的问题，而且需要污染防治、清洁生产、产业生态、生态政区和生态文明的同步。城市怎么才算美呢？一是要净化，即干净、安静、卫生、安全；二是要绿化，绿化不仅是颜色的绿，而且是结构、功能、过程、机制的生命绿；

三是要美化，即整体、协同、循环、自生的生态美；四是要活化，即水一定要流动，风一定要畅通，土壤一定要肥沃，生物多样性一定要丰富，文化即物态文化、心态文化、认知文化和体制文化一定要传承与进化。城市生态建设的首要任务是保障居民有安全的食物、饮水、住房以及空气。现在有些地方的城市改造和建设，倡导的是速度要快、楼要高、路要宽、广场要大和建筑要豪华。其实，城市是一个艺术品，其规划、设计、建设和改造不能那么快、那么粗、那么奢侈、那么随意。例如中德合作的扬州生态城市规划、建设与改造，就遵循了细、活、慢、适、俭的生态原则，强调和当地社区的结合，一个社区一个社区地改造，追求的是当地居民要有工作可做，城市生态品质要提升，古城交通对外要畅达、内部要幽静，最后该项目荣获联合国人居奖，成为城市生态改造的一种典范。

大家都很关注城市的灰霾、热岛、雨洪等问题，产生这些问题的根源在于城市生态基础设施的不配套，是城市管理体制条块分割、法规政策不健全、监管措施不得力的结果。城市生态基础设施包括城市有机体的"肾"（河流、湖泊、池塘、沼泽等的净化与活化）、"肺"（自然植被、园林植被、林业、农业及道路的绿化与美化）、"皮"（城市地表、建筑物、构筑物表面及道路等工程用地表面的软化与活化）、"口"（污染物排放口、缓冲区和处置设施还原净化功能的完善与整合）和"脉络"（山形水系、风水、生态廊道及交通动脉的通达与活络）。其生态服务功能的强弱决定了城市品质的高低。要把硬化的地表软化、透绿、透水、散热；污水、废气排放口不能光是排放，而且还应具备净化、缓冲、循环、再生功能，使污染在城市内部排泄系统中就能减掉一部分，而不只是大量排到郊区，导致更重的面源污染，反过来又殃及城区。在传统市政建设中，城市道路中间的绿化带一般都高于路面，雨水从绿地流到路面，将各种营养物、污染物、垃圾和尘土带到排水沟里。国外的经验是把绿地建得低于路面和硬化地表，让路面和地表的雨水形成的污水，经过绿地净化以后回渗到地下去，地表的营养物质都流到绿地里，多余的水由地下的溢流管排走，使绿地兼备湿地的功能，这就是生态工程的原理。

另外还有新型城镇化问题，乡村城镇化的一个瓶颈就是占用耕地与农村生态基础设施建设。最近我们也在和国外的科研部门合作，建设一种具有城市基础设施便利功能、就业充分、生态安全、社会和谐，以城市带乡村、以工业带农业、以公司带农户、以生产带生态的新农村。其目标是实现"六个零"：基本农田零侵占、污染对外零排放、生态服务零退化、社会交通零拥堵、农民民生零失业、环境健康零致病。住房不是高楼大厦，而是三层的房子，中间一层是商住，地下一层是作坊和仓库，顶上一层是温室，可以发展大棚农业，种粮食花卉，种瓜果蔬菜，每家每户有菜园、鱼塘和屋顶温室，其生产力高于大田作物50%以上。所有的污水都在社区内部处理，不外排，使用无水厕所但没有臭味、蚊蝇和其他感官问题，粪尿是分离的，腐熟后还田，生活用能全是太阳能、沼气能、地热能等可再生能源。

智慧城市有几个梦，一是人人有房住，房房有人住。现在中国城市的人均居住面积超过了30平方米，实际上总量并不少，但很多房子是空置的，而很多人又没有房子住。这就是五位不一体的体制机制问题。如果能把空置房以合理的价格租赁给无房户，政府也适当补贴一点，这个梦是不难实现的。二是人人有事做，事事有人做。城市发展的关键是先有市（即产业），后有城，要根据全社会的消费和服务需求去创造就业机会，同时给每人创造收入的机会和消费的能力。三是人人学技能，技技有人教。社会是一个大学校。社会需要的智慧要有人传授，学到的智慧要有用武之地。四是户户有保健医生，人人有医疗保障。身－心－灵的保健和生态健康成为全社会最大的产业和福祉。五是人人有正能量的信仰，事事能包容感恩。功利、道德、信仰、天地境界成为居民生活之必须，这里就不一一解释了。

智慧城市的智慧包括人的智慧和生态的智慧。生态智慧的"生"是开拓竞生、整合共生、循环再生和适应自生；生态智慧的"态"是物态谐和、事态祥和、心态平和与智态睿和。生态智慧奠基于生态动力学、生态控制论和生态系统论的科学方法，包括人类活动与其内外两类环境的关系。内环境是"精－气－神","精"是构成生物体和生态系统的活物质,"气"是驱动生命过程的生物能,"神"则是调控心态和社会关系的进化信息;外环境是"儒－释－道"的传统文化和科学社会主义的先进文化,"儒"涉及人与人之间的生态关系,"释"涉及人和自己内心的生态关系,"道"则涉及人和自然的生态关系。

智慧城市建设与中国移动的实践

大家下午好！今天和大家分享一下中国移动在智慧城市建设方面的进展，并和大家一起探讨一下物联网在智慧城市建设中所起到的作用，以及中国移动为智慧城市动态分析所做的一些贡献。

城市化进程是未来中国将要面临的一个重要而复杂的问题，信息通信技术（ICT）在城市发展过程中发挥着不可估量的作用。

城市信息化正在经历以下三个不同的历史阶段。

第一个阶段是数字城市阶段。在这一阶段，数字城市实现了无纸化、自动化办公，同时完成了网络基础设施的初步建设。城市运行中有关政府、企业和市民的数据实现了数字化存储。这个

*　陈维，中国移动通信研究院首席科学家，中国无锡物联网研究院院长。

阶段主要存在的问题是，数据没有得到有效的分类和管理，不可能成为有效的资源。目前国内大多数欠发达城市的信息化程度还处于这个阶段，虽然已经实现了无纸化办公、移动 OA 以及能在网上办理一些行政类业务等，但是各个信息化系统相互割裂、相互独立，没有形成有效的数据共享和联动。

第二个阶段是信息城市阶段。在这一阶段，数据实现有效的分类、检索与存储，成为真正意义上的信息。同时网络系统的建设加快，形成了合理的布局。但是各信息领域垂直发展，协同决策的能力很弱。在这个阶段大多数城市已经实现了数据的集成和汇总，并能够实现有效的分类和检索，信息的利用率得到了提高，信息化系统已经成为市民日常生活中不可或缺的工具和手段。

第三个阶段是智慧城市阶段。在这一阶段，随着物联网、互联网等新技术的应用，城市信息化向智能化方向演进。更开放的数据获取、更全面的知识共享、更深入的决策智能化是智慧城市的主要特点。物联网在这个阶段得到了广泛的应用，通过广泛的感知网络实现数据采集，实时的动态数据汇总和分析，决策专家系统实时化的建议生成，通过信息化手段使得城市管理真正地实现智慧，能够为人们的工作和生活提供更多的便利服务。

中国移动的无线城市项目是中国移动实现"移动改变生活"战略愿景的重要抓手，也是中国移动对智慧城市的具体实践。无线城市项目于 2008 年在厦门开始建设，在这几年时间里，中国移动的无线城市项目在全国迅速铺开。在全国大多数城市，中国移动已经完成与政府无线城市项目合作协议的签署，其中，在北京落地的项目是市民主页项目。

在过去 10 多年，中国移动打造了一个人与人沟通的通信服务平台，在未来十年或者更长的时间里，中国移动将打造一个基于人与物以及物与物进行信息交换的信息服务平台。中国移动的无线城市定位于连接政府及各细分服务领域与客户之间的桥梁和纽带，同时也是提升和扩展中国移动个人生活服务份额和信息化服务份额的重要手段之一。通过无线城市项目，一方面帮助政府改善基础民生，协助政府完成智慧城市建设；另一方面撮合各类商业生活服务与客户之间发生交易，通过交易佣金补贴建设成本，探索智慧城市运营的新模式。

无线城市项目实现了政府、市民以及合作伙伴的三方共赢，政府通过无线城市项目提升了运营效率，塑造了品牌。与此同时，政府也通过无线城市项目输出了民生信息资源，为市民提供了更加方便的民生服务。市民通过无线城市项目可以更加便捷地获取相关的资讯，享受相关的服务。无线城市项目同时也为市民提供了一个向政府反馈民生需求的渠道，为政府与市民之间进行有效沟通提供了一个全新的平台。无线城市的一些企业合作伙伴则可以通过无线城市平台搜集更多的有效需求信息，更加有效地把握用户的真实需求，合理开发应用，缩短应用适应市场的时间。无线城市项目将这几方有机结合为一个整体，各方共同受益，实现多方共赢。

无线城市是中国移动发展的战略方向，中国移动在政府的支持和领导下，大力发展无线城市。中国移动无线城市经过6年的建设，当前已覆盖全国31个省份，363个城市，应用服务累计达8000多项，当前注册用户为5000万人，活跃用户为2000万人。

中国移动无线城市建设经历了三个不同的历史阶段。第一个阶段是2008~2010年，首先由厦门等城市开始初步试点建设，随后在广东21市全面建设形成单点的省级无线城市平台，这个时期各省的无线城市相互割裂、不统一。第二个阶段是2010~2012年，在此期间中国移动的无线城市工作在全国31个省份全面铺开，各省分别建设了无线城市平台，实现了多点接入。第三个阶段从2013年开始，全国建立了统一的无线城市平台，将各省份的无线城市进行统一接入，建立了全国统一的门户和统一的客户端。

福建厦门作为第一批无线城市的建设者，在智慧城市建设中积累了很多经验，其中厦门的掌上公交项目，是一个典型的应用物联网技术实现城市智慧感知分析和决策的应用。

首先系统通过在公交车上的智能模块，实时搜集公交车的位置信息，并将公交车的位置信息实时上报，实现了对城市公交车的感知。然后将数据进行统一汇总，结合交通路况信息、等待乘客信息、公交站的位置信息等信息进行统一的分析。最后，系统可以得出公交到站时间的预测信息。市民可以直接用手机登录无线城市的页面，查询公交车的位置，也可以设置公交车到站提醒信息进行提醒。同时中国移动将部分基础性的信息，比如公交线路查询、公交换乘查询、公交站点查询信息，放到了 12580 语音平台上，用户可以直接拨打 12580 进行信息查询。夏天天气炎热，市民可以自在地查阅公交到站信息，极大地方便了市民的出行。

以上是对中国移动无线城市的建设情况的一个简单介绍和回顾，无线城市历经 6 年的建设取得了不少的成果，也积累了不少的经验和教训。与此同时，中国移动通过无线城市的建设，理解到了更多智慧城市的实质和内涵。下面我基于物联网的角度，重点介绍一下未来智慧城市的体系，并分享一下我们在智慧城市建设中积累的经验。

首先，智慧城市是建立在对城市的感知和分析的基础上的（见图 1）。建立智慧城市的首要步骤是将城市数字化，建立基于物联网的基础感知网络，通过基础的传感器网络，采集城市的基础数据，当然也可以通过已有的城市基础信息平台获取必要的基础信息。这些基础信息包含基础交通路况信息、实时交通事件信

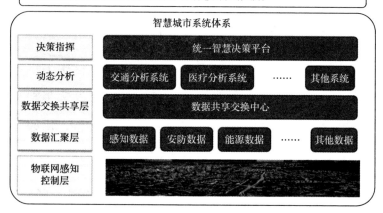

· 物联网是智慧城市的感知体系，是智慧城市的眼睛。
· 城市动态分析以及决策指挥系统，是智慧城市的大脑。

智慧城市系统体系

决策指挥	统一智慧决策平台
动态分析	交通分析系统 · 医疗分析系统 ······ 其他系统
数据交换共享层	数据共享交换中心
数据汇聚层	感知数据 · 安防数据 · 能源数据 ······ 其他数据
物联网感知控制层	

图1 智慧城市的系统体系

息、水质信息、安防报警信息、能源消耗数据、公交运营数据等。这些数据分别会在各自的业务数据系统中统一会聚，统一管理。基于物联网的感知和控制是智慧城市建设的基础，更加全面、更加实时、更加广泛的基础数据是智慧城市的感官系统，犹如人的五官，看得更远，听得更多，知道得越及时，势必会反应得更加灵敏，处理得更加果断。

其次，需要建立数据交换共享层，或者叫数据共享交换中心，通过统一的共享交换平台，实现数据的融合共享，协同处理。城市间的好多基础数据看似独立，实际上内在都有一定的关联性。一个交通事故可能会引发交通的拥堵，触发急救事件，还可能造成公交运行数据的异常。在北京，一个地铁的小故障，可能造成地铁人流的拥堵，同时地面交通也会形成较大的拥堵。将这些分散在不同系统间的数据进行交换共享和关联分析，将会创造巨大的价值。

再次，依托数据共享交换中心的海量数据，结合城市关心的管理问题，可以在上层建立动态分析系统，或者叫专家决策分析系统。这些系统可以包括交通分析系统、医疗分析系统等，这些专家系统从数据共享交换中心获取需要的数据，进行动态分析计算，实时得出分析结果，统一会聚到决策指挥层或统一的智慧决策平台。

最后，城市的管理决策层通过统一的智慧决策平台进行统一管理和决策。这样，城市管理可以变得更加科学、更加便捷、更加智慧。

这是一个完整的以物联网为依托、以实现城市智慧为目的的智慧城市系统体系。其中，物联网是这个体系的基础，是智慧城市的感知体系，是智慧城市的眼睛；动态分析决策系统以及智慧决策指挥平台是智慧城市的大脑，是智慧城市的核心。

中国移动在本身的网络运营中积累了大量的基础数据，中国移动在不侵犯隐私的情况下可以为智慧城市建设提供基础的数据。同时中国移动在多年的运营实践过程中积累了很多的动态分析手段和方法，可以充分利用这些海量的基础数据，结合其他数据源数据共同合作，形成独特的城市动态监控分析平台，这样的跨界结合，一定会带来一些意想不到的智慧城市管理解决方案和动态分析决策解决方案。

比如在交通领域，以运营商的基础网络数据为基础，使用交通行业的分析技术和手段，可以构建一个实时的交通分析预测系统，进行人流量、车流量等交通状况的分析和预测。我们可以实现人流量以及车流量的一些预判，在车流高峰到来之前实施一些应急措施，以减少城市拥堵的发生。在节能环保领域，可以利用一些能源分析方法，构造一些节能分析优化系统，通过分析和优化达到提升能源利用率的目的。例如根据人群和建筑的分布情况动态地调节冬季供热能源，以达到节能减排的目的。

在医疗领域，可以利用中国移动的数据，结合一些医疗数据分析方案，形成卫生监测预测系统，通过实时的数据分析，准确了解急救、传染病的信息，为应急决策提供依据。例如我们可以和急救电话相结合，迅速定位呼叫者的位置，指导救护车尽快赶往现场，或者根据一些数据分析传染病源等，在这个方面有不少大数据实际应用案例。

在安防领域，我们可以结合一些公共安全决策分析方式，提供安全预警决策系统。例如当有大量人员聚集的趋势时，我们可以进行动态的分析和预判，对可能存在的异常聚集行为进行预警。

　　这些是我们结合中国移动自身的实际情况对城市动态分析这个课题的一些想法以及思路。最终这些系统的具体实现，还需要和各个领域的专业团队共同研究与开发，共同进行实践，共同推进我们智慧城市的建设。

　　这里我举一个例子，介绍一下利用短信数据结合地图进行的城市动态分析。

　　图 2 是 2012 年 1 月 22 日也就是 2012 年的春节，Orange 通过在短信网关上获取的一些数据，将这些信息进行了一些可视化处理并绘制到地图上形成的。这四张图分别是当日下午 2 点、4

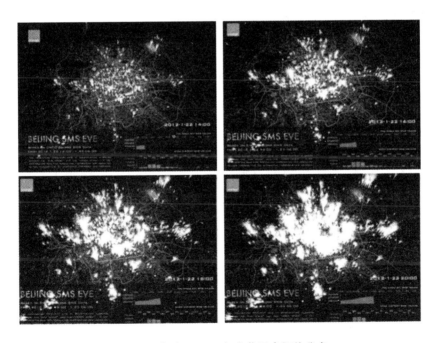

图 2　北京地区 2012 年春节用户短信分布

点、6 点和 8 点的数据，这个数据可以生动地描绘出城市的动态信息。特别明显的是，在北京地区，春节时期市民大多聚集在四环内，四环外成片状分布，最密集的是在二环到四环之间。这个数据与平日时的数据是截然不同的。这是通过数据动态分析得出结果，仅仅是一个样本，未来我们可以通过这样的数据交叉集合，获得更多的有助于智慧城市管理的解决方案。

中国移动已经使用类似的基础数据分析，为自身的建设以及运营提供一些数据依据，例如营业厅选址、基站选址、网络优化、运维人员的配置等相关方案和建议。以下我简单介绍一下中国移动内部在城市动态分析方面的应用和展望。

中国移动一直在城市动态数据分析方面进行探索和研究。在同样的覆盖范围内，小区的资源配置情况影响小区的实际容量，而参与通信的主体是不断运动着的，两者很容易产生矛盾。比如在 CBD 区域，工作时间人员比较聚集，而晚上则比较空。我们通过动态分析无线基站的数据，在分析决策系统的控制下自动调整基站的相关配置参数，使无线基站在实际运行中达到动态的最优，在降低运营成本的同时提升网络服务质量。同样的原理也可以应用到城市的交通管理中，我们可以利用交通流量信息，将其进行分析整理，动态地控制交通信号灯，使交通信息号灯的控制达到一个动态最优的结果。

我们可以通过对用户的地理位置、业务行为等数据进行分析，实时判断用户的潜在需求，进行精准营销。实现用户需求的即时响应和主动营销模式，第一时间掌握营销先机。

在实际的应用中主要有两种方式，一种是对业务进行推广，比如我们分析用户每个月的账单数据，主动给用户推荐更加合理的套餐；另一种是营销活动推广，比如给刚到北京的外地游客推送相应的旅游营销活动等。

智慧城市在实际建设中依然存在一些问题，中国移动愿与多方合作共同推进智慧城市的发展。

第一，如果想让城市智慧起来，就一定需要足够多的数据进行支撑。在实际的智慧城市建设中，城市的基础数据散落在各个系统中，数据的统一整合既存在技术上的难度，又存在管理上的难度，两者都有比较大的挑战。

第二，有些城市基础数据不可避免地会涉及一些个人隐私，比如交通视频数据不可避免地会拍到人。现在在个人隐私方面还没有相关的定义和具体的保护方案，这在实际的应用中存在极大的法律隐患，在这些尚未明确之前，大规模的数据应用还存在风险。

第三，数据安全问题。数据安全是一切数据共享和决策的前提，只有确保数据安全，才有可能开放数据。现在在涉及多方系统的数据安全方面还缺乏统一的规范和方案。

第四，在云计算模式下的高效分析。一个城市每小时产生的数据都是海量的，要做到对这些数据的实时动态分析，就必须有一个强大的"大脑"，这样才能够进行实时分析和动态分析，这个方面还需要进行不断的研究和实践。

众多的挑战为我们的未来指出了明确的道路——合作共赢，共创智慧城市美好未来。在个人隐私方面，中国移动愿与社科院等研究机构共同探索智慧城市对个人隐私的保护，确保系统顺利运行；在数据整合方面，中国移动愿意提供无线城市统一的数据接入和整合数据平台；在数据分析计算领域，中国移动愿意与各个城市动态的分析团队共同完成城市动态数据分析工作；在数据安全领域，中国移动多年的运营工作，积累了大量的数据安全方案。

中国移动的无线城市平台，为智慧城市动态数据分析提供了一个基础平台。在这个基础平台上，我们已经会聚了很多基础数据和信息，依托这些信息形成了一些无线城市移动互联网服务的产业群，通过这些产业群很好地服务了实体产业，使我们的合作伙伴得到实惠，互利共赢。依托无线城市平台，中国移动与国家部委、大型央企和互联网生活服务领域排头兵合作，基于深度的数据挖掘聚合价值信息，有效整合服务产业链，在未来将无线城市打造成最权威、最可信、最专业的互联网行业合作生态圈（见图3）。

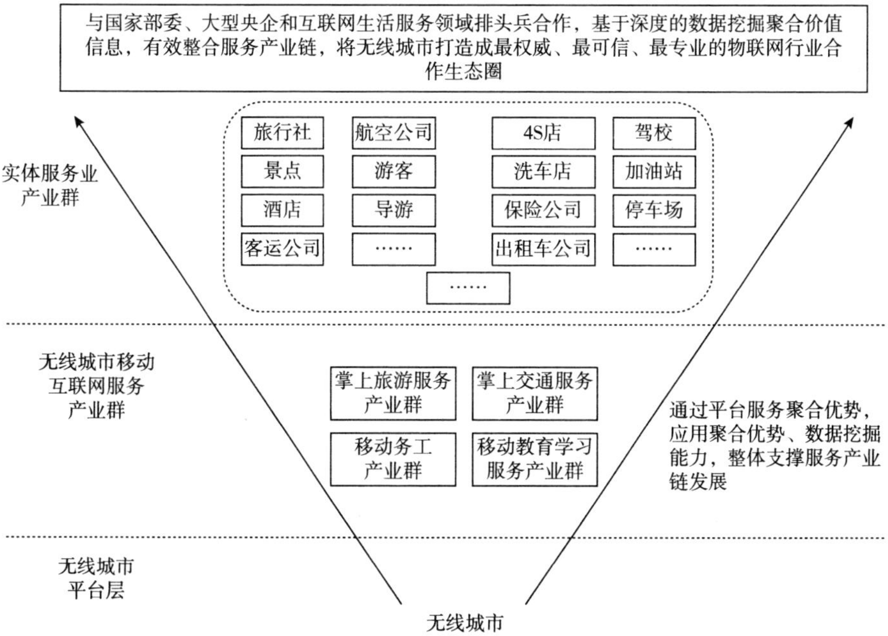

与国家部委、大型央企和互联网生活服务领域排头兵合作，基于深度的数据挖掘聚合价值信息，有效整合服务产业链，将无线城市打造成最权威、最可信、最专业的物联网行业合作生态圈

实体服务业
产业群

旅行社	航空公司	4S店	驾校
景点	游客	洗车店	加油站
酒店	导游	保险公司	停车场
客运公司	……	出租车公司	……

……

无线城市移动
互联网服务
产业群

| 掌上旅游服务产业群 | 掌上交通服务产业群 |
| 移动务工产业群 | 移动教育学习服务产业群 |

通过平台服务聚合优势、应用聚合优势、数据挖掘能力，整体支撑服务产业链发展

无线城市
平台层

无线城市

图 3　开放合作、整合资源、做强精品业务，与合作伙伴共享成长空间

点评 1

李京文[*]

听了李院长、牛院士、王院士以及其他专家的发言，我收获很大。不敢说点评，我谈几点体会吧。

第一，刚才几位专家的精彩发言，让我对智慧城市的内涵和概念有了比较清晰的认识。智慧城市应该说是一个创新，是建设有中国特色城市的新提法。现在世界上还没有一个非常统一的关于智慧城市的定义，但是我们大概可以说它是利用新一代的信息技术和世界各个国家的文化结合形成的一个新概念，主要指的是用现代的知识、现代的文化和现代的信息工具来建设一个新型城市，改善城市环境，提升城市居住的质量，把城市打造成为宜居城市。在智慧城市建设方面，我国不仅在理论上进行研究，而且

---

[*] 李京文，1933 年 10 月生，广西陆川人，技术经济学家及数量经济学家，中国社科院学部委员、中国工程院院士。

已经开始实践了。目前大概有 200 个城市（镇）在试点做智慧城市。这些城市已经投入了很多资金建设基础设施，应该说有了一些进展。

第二，通过刚才几位领导和专家的发言，我体会到了建设智慧城市的重要性，它是贯彻中央十八大精神的一个重要措施。中央主要领导同志都强调了我们要实行现代的城镇化，要推进新型城镇化建设。新型城镇建设的核心就是建设智慧城市，其中绿色智慧城市是最重要的核心。因为它是用现代科学技术来统领一个新型城市，是新型城市的新模式。我觉得建设智慧城市不仅是避免和解决"城市病"的一个重要措施，也是建设生态化"五位一体"城市的需要。刚才，王院士讲到"五位一体"的新型城市是一种重要的模式，是我们全面建设小康社会和实现中国梦的一个重要措施和重要手段，所以说我们大家要共同努力，把这个智慧城市建设好。

第三，从各位专家的发言里我了解到，我们中国的智慧城市建设已有了一些收获，也有了一些进展，但是还要注意加强各方面的工作。第一项工作就是加快顶层设计，一定要做好规划，我们国家的很多经验教训告诉我们，进行城市建设不能乱来。当然，可以发挥各地的创造性，但是应该有一个总体次序。所以说除了国家的顶层设计以外，还应该有各地区自己的顶层设计，对如何建设智慧城市要有明确的目标和步骤，要使各方面的因素配合起来。

从各位专家的发言里我还感觉到应该处理好几个关系，包括硬件建设和软件建设的关系。一方面，要加强基础设施建设，没有硬件建设、没有平台是很难发展智慧城市的；另一方面，要加强软件建设，加强对智慧城市的管理。实现知识管理也是非常重要的，一定要把硬件和软件的建设同步进行，而且互相的配合要更加紧密。协调就是要把城市建设和经济产业的发展配合起来，没有城市建设当然不行，但是没有产业的合理发展，智慧城市很难得到真正的发展。因此，在建设城市的时候，要注意产业的合理配置，根据各地的资源和环境条件，建立适合自己的产业结构。有些地方的矿产资源很丰富，可以开发自然资源为主，但是有些地方的资源不丰富，这种地方就不能勉强发展重化工产业，而应该更多地发展一些高端的技术产业特别是新兴战略性产业，将来才能形成本地的特点。当然，发展高端的知识型产业和技术型产业需要引进更多的人才。有的地方自然环境非常好，可以建设以休闲、旅游为主的城市。所以说，各个城市应该根据自己的情况选择产业，把产业的选择和智慧城市建设很好地结合起来。同时，还要协调智慧城市的平台建设，既要发展电子商务，也要发展电子政务，把两者结合起来，使它们互相配合、互相支持、共同发展。因此，我认为今天几位领导和专家的发言，为我们建设智慧城市指明了很重要的方向，当然这里很多具体的问题还需要进行深入的研究。我认为，智慧城市建设不是一个简单的问题，而是一个很重大的系统工程。需要社科院城环所和其他研究所相互配合，深入地研究城市化和智慧城市。我认为院领导的决定是正确的也是必要的，社科院虽然人才很多，但是分散研究毕竟不能得到一个集中的意见，要按照院领导的要求，以城环所为首，加强各个研究所的配合，比如说法律所，因为智慧城市的法律法规建设是非常重要的，在这方面应该和他们配合起来。我建议将来研讨时也邀请他们来参加，这对支持智慧城市的法制建设是很有好处的。再比如说政治所，也应该跟他们配合，因为政治体制改革也是很重要的。如果他们了解智慧城市的发展，也就加强了对政治体制改革的研究，适应了智慧城市的建设。其他还有一些研究所，比如国际学科部对国外的了解比较多，他们可以给我们提供更多国外最新的情况和经验。所以我认为，我们的研究应该由经济学科部扩大到其他学科部。

点评 2

陈宣庆[*]

很高兴参加今天的会议，刚才听了院长和几位专家的精彩演讲，我很受启发和鼓舞。智慧城市是近几年比较新的话题，我理解的智慧城市就是把现在的计算机技术和信息技术，综合地运用到城市的规划、建设、发展和管理等各个领域。从概念的内涵上来讲这是我的一点认识。既然与计算机技术和信息技术密切相关，那么研究智慧城市的基础就是了解我国空间地理信息建设和信息化的基本情况和特点，以及国家空间信息技术的建设存在的问题，如果对这些基本情况不了解，我们研究智慧城市的发展就缺少一个非常重要的方面。

目前国家的经济建设在各个方面都有了长足的发展。"九五"、"十五"和"十一五"期间的建设，尤其是空间信息基础

---

* 陈宣庆，国家发改委地区经济司巡视员、信息库项目办公室主任。

设施的建设，包括网络体系，信息采集、加工、传输、应用的交换组织体系，标准规范和法律法规体系，资源体系以及观测能力等，都是国家空间信息基础设施的重要方面。从现状来看，经过多年的发展，我们国家的观测能力发展很快，这是大家有目共睹的。现在中高分辨率的卫星，包括国土方面的和环境方面的，已经有了很大的进步。大量的观测数据需要有专门的加工处理部门，对这些观测到的信息进行加工处理，然后广泛应用于社会的各个领域之中。现在一颗卫星在天上转，一天的运行费用就要100多万元，我们国家现在有几十颗卫星在天上转，国家投入很大，其效益和效率需要不断提高。我们讲智慧城市建设和发展，也是为了提高资源利用效率。各个部门都有信息平台，但是存在一定的问题，这些信息资源——地方的也好，部门的也好，没有很好地利用，没有实现良好共享和服务。为了促进公共资源的有效利用，国家专门成立了部级协调机构，形成了国家地理空间信息协调委员会，把产生的空间信息资源按照一定的数据标准规范进行整合，整合以后会聚到国家地埋空间信息中心，加工改造成新的数据产品，一个是为社会提供服务，另外一个是为党中央和国务院提供服务，现在这个信息中心已经建成了。各地进行智慧城市建设都需要了解现在国内数据的整合共享服务状况，这些信息完全可以提供城市服务、区域服务和社会服务。

我赞成王院士的观点，就是说我们存在管理破碎问题。尽管我们国家的行政推动力很大，但是现行的体制机制决定了在城市管理尤其是信息资源管理方面，存在整合困难、效率发挥不高的问题。这是有待我们在智慧城市建设和空间信息应用方面加以改进的一个方面。

我赞同牛院士的观点，即智慧城市建设要符合中国的国情，要符合中国的城市发展阶段和发展特点。国内管理城市的模式和西方不一样，以国内现在对城市的管理模式来说，书记和市长平均在职两年半，但是智慧城市的建设发展是连续的过程，在现行体制下管理职能如何推进智慧城市的规划、建设，这是一个课题。现在每一位行政领导上台后，城市规划都是大翻牌，设立新城、新区等。城市运用计算机技术开展设施建设，不是可以随意改变的，如果没有顶层设计，没有一个好的规划，没有一个长足的打算，则智慧城市建设很有难度。所以我认为在智慧城市的建设和发展中，要充分考虑中国特色，国外的东西不能搬来就用。1998年美国提出数字地球的概念，我们就成立了中国数字地球国家委员会，各地区搞数字区域、搞数字城市，其实大家对数字地球的概念认识都还不是很清楚。

刚才中国移动的同志讲了数字地球，数字地球的内涵是什么，智慧城市是什么样子的？对这些比较时髦的提法和称谓，我们要搞好顶层设计和规划，要明确内涵，同时结合中国的国情进行深化，而不是把国外的内涵搬过来，要做一些比较分析研究。

中国社会科学院城市发展与环境研究所建立了城市信息集成与动态模拟实验室，我觉得这是非常必要的。在智慧城市建设发展的初级阶段，需要有一些示范性的、引领性的研究，中国社会科学院在城市的建设管理和发展中，开展了对数字城市和智慧城市的研究，与时俱进地做了大量的基础工作，也得出了一些研究成果。下一步模拟实验室应该认真地分析和研究当前国内智慧城市发展建设中的前沿性、重大性问题，特别是对存在的问题要梳理清楚，要有针对性地做一些研究，我想效果会非常好，对智慧城市的发展会起到促进作用。

点评3

汪子章[*]

　　刚才两位专家做了很充分和全面的点评，我觉得城环所选择这个题目非常好，这个领域是非常重要的。此外，今天的会议给我们提供了一个机会，让大家能够一起学习和交流。我认为，当前的城市问题应该也是一个全球性问题，特别是在中国，这是非常热门的话题。因为它的地位特殊，特别是当前的时机也很特殊，无论是城乡统筹发展，还是城市一体化，城市都是其中一个非常重要的节点，其地位和作用非常重要。

　　现在大家普遍感受到所谓的"城市病"，无论是从交通、空气、水、废弃物污染来讲，还是从城市的功能和生活的舒适度来讲，都存在不少问题。现在我们需要站在一个更高的层面，从十八大提出的"五位一体""四化并举"的高度来研究和探讨。中

　　* 汪子章，国家开发银行行务委员，专家委常务副主任。

国社会科学院城环所成立了实验室，更加科学地、定量地、模型化地来分析、研究，进而探讨解决问题的方法，这非常好，是我们城市建设和管理的升级版。尽管现在面临一些问题，但是我想经过大家的共同努力，一定会有一个美好的明天。

专题 2

城市发展定量分析

智慧城市论坛No.1

城市化对经济增长的影响

李善同* 何建武 吴三忙 李华香 李富佳

在一个国家和地区的经济发展过程中，城市化和经济增长往往是相伴而生的。城市化是社会经济发展的必然产物，而由此产生的一系列变革则又是推动经济增长的重要源泉。

一 城市化促进经济增长的机理分析

城市化对经济增长的影响主要通过供给与需求两个途径实现。在供给方面，城市化促进了产业结构的提升。随着城市化的推进，原来从事传统的、劳动生产率较低的第一产业的劳动力转向从事现代、高效的第二、第三产业，产业结构逐步升级转换，

* 李善同，1944 年 8 月生，湖北罗田人，国务院发展研究中心发展战略部研究员、原部长。

国家创造财富的能力不断提高。同时，城市化是由农业为主的传统乡村社会向以工业和服务业为主的现代城市社会逐渐转变的历史过程，其实质是人口和经济活动在空间上的聚集过程，这种集中便利了经济活动利用相互间的技术和资金外部性提高生产率。在需求方面，城市化发展不仅将提高农村居民的收入，还将带动大量农村居民向城镇居民转化，由此促进消费需求的增长。同时，城市化更是一种投资需求拉动。流动人口从进入城市的那一刻起，就对住房、交通、能源、学校、绿化、广场、城市安全系统等城市基础设施产生需求，由此带动投资的快速增长。

（一）从供给的角度看，城市化是实现资源的优化配置，提高全社会劳动生产率水平的重要手段

（1）根据经济增长理论，供给能力的提高是决定长期经济增长的主要方面，资本扩张、劳动力增长和全要素生产率是决定经济增长速度的主要因素。很多研究对我国改革开放以来的经济增长因素进行了分析，普遍认为资本扩张对经济增长起了主要作用，其他因素还包括技术进步、劳动力数量和质量的提高、劳动力转移和市场发育等。当劳动力从低生产率水平的农业转向生产率水平更高的第二和第三产业后，就可以有效提高全社会的劳动生产率。研究测算结果显示，过去30年，劳动力转移平均每年对经济增长的贡献为0.57个百分点。近年来，由于城镇化的加

速发展，劳动力转移对经济增长的贡献呈递增趋势。1990～2008年，劳动力转移平均每年对经济增长的贡献为 0.7 个百分点。

（2）城市集聚提高生产效率，推动经济增长。城市作为经济活动在空间布局的节点，集聚了大量的生产要素，而生产要素的集聚使要素投入密度增加，从而形成地理上的规模经济效应、集中交易效应、专业化效应和范围经济效应等，产生"1 + 1 > 2"的效果，推动了经济增长。

一是城市有助于地理上的规模经济效应形成，降低平均成本。地理上的规模经济效应是指，在地理范围内存在随着某些产品产量或服务量的不断增加，平均成本不断下降的现象。这种现象在城市的基础设施领域表现得十分突出，如道路、管道、线路、公共绿地等。一旦投入建成之后，用户越多平均成本就越低。此外，城市人口的集中，为市场广度在一个点上的爆发性扩大提供了条件，使市民相互之间提供的各种生活服务也能获取市场容量巨大所带来的规模经济好处，因而使集中居住能够享受各种消费和生活的便利。二是城市有助于地理上的集中交易效应形成，降低交易成本。地理上的集中交易效应是指，当所有或绝大部分交易集中在一个地理位置或场所，从而使该地理位置成为要素市场和商品市场中心后，可以为买卖双方节约交易成本，带来信息费用和运输通勤费用的节约，为各方提供便利。三是城市有助于地理上的专业化效应形成，提高生产效率。地理上的专业化效应是指，大量同一行业的公司聚集在一个地方有益于共享更大、更可靠的专业化劳动力市场，有助于加速知识溢出，允许工人和企业家相互学习，有助于产业内实现更大规模的分工，从而大大提高效率，实现专业化带来的效益。四是城市有助于地理上的范围经济效应（也可称之为多元化效应或城市化经济）形成，促进创新。地理上的范围经济效应是指，当相同或不同专业的知识人士能够集中在同一地理场所（城市）进行学习、生产和使用知识时，由于知识具有越用越多、越交流越多及熟能生巧等特点，因此内生技术创新发明、制度与管理创新和各种创意出现的概率越来越大，使得经济增长的后劲和内生能力不断增强。

此外，需要强调的是不同类型城市形成的规模经济效应、集中交易效应、专业化效应和范围经济效应有所差别，特别是专业化效应和范围经济效应往往是在不同类型的城市产生的。已有文献的研究表明，中小城市更容易实现专业化效应，而大城市更容易产生范围经济效应。因此，平衡的城市体系并不是所有城市同步、同等追求专业化效应和范围经济效应，而是城市的多元化和专业化，形成和谐共存、互为补充的状态。

（3）城市化为农业规模化经营发展提供了条件，为现代农业发展奠定了基础。城市化的发展为促进农村剩余劳动力向非农产业转移创造了条件，农村人口向城镇聚集，农民人均耕地占有量提高，推动农村土地的相对集中，为实现农村土地规模化流转创造机会，为农业规模化经营创造条件，将推动农业产业化和组织化，从而降低农业生产成本，提高生产率，提升农业的现代化水平。城镇地区对农产品的多品种、高质量、高附加值的市场需求促进了农业内部产业结构和产品结构的优化调整，推动了传统农业向现代农业的转化。城市化的发展为农业现代化提供了技术支持，城镇体系的完善有利于城镇发挥其对农村地区的辐射作用，促进技术进步在空间上的"波浪式"扩散（促进技术进步向农村地区的传播和扩散），提升农业的科学技术水平。城镇基础设施建设、社会服务功能不断完善，并向农村延伸，可以促进农民生产、生活方式以及观念的转变，提高农业人口的素质，形成农业人力资本的积累，加快农业现代化的进程。

（4）劳动力从农村到城市的迁移带动了农村劳动力整体人力资本的提高。一方面，农村劳动力在进入城市之后并未断绝与家乡的联系，他们在返回家乡的同时也把诸多生活新理念、经济发展的新信息和工作的新经验带回家乡，影响农村中的劳动者；另一方面，当外出劳动力积累了一定的资金和经营管理经验并掌握了技术和准确的市场信息后，会有一部分人返回家乡走自主经营的道路，兴办各种第二、第三产业的企业，不仅为本地劳动力创造了新的就业机会，也进一步带动了本地劳动力素质的提高。此外，农业劳动力的流出使人与地的矛盾得到缓解，使农业规模经营成为可能，与之相适应的资本有机构成的提高而带来的技术进步也将促使农业人力资本的大幅提升。

大量低成本的农村劳动力进城，满足了城市对低层次劳动力的需求，有利于劳动力资源的合理配置和有效利用，从总体上降低城市人口的供求成本。劳动力的迁入增加了城市劳动力的供给，也催生了劳动力市场的发育，形成了由市场配置劳动力资源的新机制，在推动城市劳动用工及工资制度改革的同时，提高生产规模报酬和生产率，增强城市的盈利能力，从而进一步推进城市积累能力的提高和新的资本形成。

（二）从需求的角度看，城市化将拉动消费与投资需求，促进消费结构和产业结构的升级

（1）城市化有助于农村居民收入的提高，促进消费需求的增长。城市化为农业剩余劳动力提供了大量就业机会，将增加农村居民的工资性收入，由此促进农村居民消费需求的增长。农村居民的工资性收入对农村居民的纯收入的贡献也越来越大，2000 年，我国农村居民人均工资性收入为 702.3 元，到 2012 年上升到 3447.46 元，占人均农村居民的纯收入的比重由 31% 上升到 2012 年的 43%。

（2）农村居民向城镇居民转变，促进消费结构升级。农村居民与城市居民在消费结构方面存在较大差异。由于消费环境的差异，农村居民消费的层次低，以物质消费为主，文化教育和娱

乐等服务性消费需求低。

相对城镇居民而言，农村居民的消费结构仍明显低于城镇居民。2012 年我国农村居民家庭平均每人全年现金消费支出为 5908 元，其中食品类消费支出为 2324 元，占 39.3%，文教娱乐类消费支出为 445 元，占 7.5%。而同期城镇居民家庭平均每人全年现金消费支出为 16674 元，其中食品类消费支出为 6041 元，占 36.2%，文教娱乐类消费支出为 2033 元，占 12.2%。由此可见，农村居民的恩格尔系数高于城镇居民，而文教娱乐类的消费支出比重低于城市居民。1978～2011 年中国城镇与农村居民的恩格尔系数如图 1 所示。

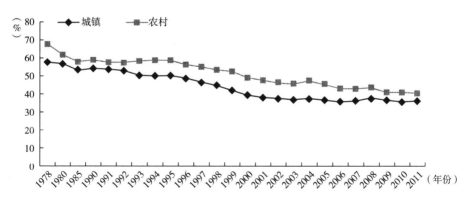

图 1　1978～2011 年中国城镇与农村居民家庭恩格尔系数
数据来源：《中国统计年鉴》。

因此，随着城市化的进程，农村居民向城镇居民转化，将有利于整体居民消费结构升级。首先，农村居民进入城市后，对水、电以及燃气等基本生活用品的需求将显著增加；其次，随着农村居民转变为城市居民，他们需要更优质的商品和服务，对交通通信、家庭耐用消费品及文化娱乐等服务方面的消费会增加；最后，城市化后的农村居民转变为工资收入者，为了保证工作效率，在教育和培训、医疗和保健以及其他精神文化方面的支出也会大幅增加。1995～2011 年中国农村居民和城镇居民消费结构的变化如图 2 和图 3 所示。

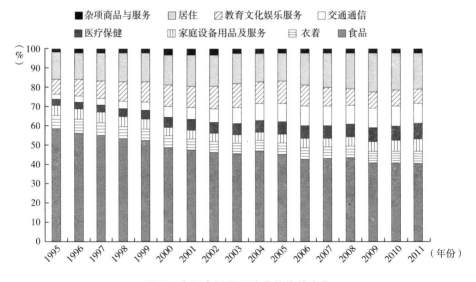

图 2 中国农村居民消费结构的变化

数据来源：《中国统计年鉴》。

投入产出表的数据可以更清楚地描述农村居民和城镇居民消费结构的变化趋势。1987～2010 年，我国农村居民和城镇居民消费的农产品比重均呈下降趋势，服务总体呈上升趋势。2010年城市居民农产品消费所占的比重比农村居民低 13 个百分点，

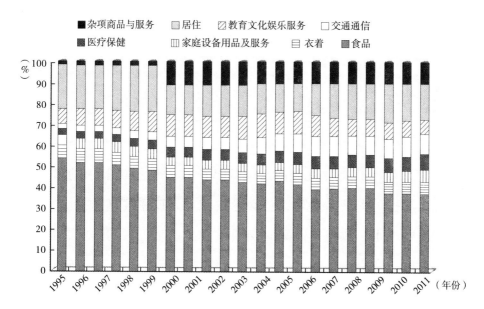

图3　中国城镇居民消费结构的变化

数据来源：《中国统计年鉴》。

而对于服务的消费则比农村居民高 12 个百分点。这表明，随着城市化的进程，居民对服务的需求会显著上升，从而推动服务业的发展和经济增长。表 1 总结了个别年份中国农村居民和城镇居民的消费结构对比情况。

表 1　农村和城镇居民的消费结构

单位：%

年　份	农村居民			城镇居民		
	农产品	工业品	服　务	农产品	工业品	服　务
1987	45	38	17	24	52	23
1992	43	39	18	24	49	27
2002	30	31	39	15	38	47

续表

年　份	农村居民			城镇居民		
	农产品	工业品	服　务	农产品	工业品	服　务
2007	21	37	42	8	42	50
2010	18	43	39	6	43	51

数据来源：历年中国投入产出表。

（3）城市化将促进城市水电等基础性设施投资需求的增长。人口大规模地向城市集聚，势必导致城市人口密度迅速提高，也对城市的供水、供电、能源、交通等方面产生巨大的影响，带动基础设施投资需求的增长。2000 年我国城市市政公用设施固定资产投资完成额只有 1891 亿元[①]，占同期 GDP 的比重不到 2%；

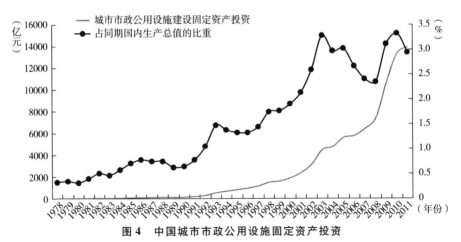

图 4　中国城市市政公用设施固定资产投资

数据来源：国研网，www.drcnet.com.cn。

---

①　此数字仅为市政公用设施固定资产投资，还没有包括城市中的电信网络、电网、医院和公共卫生设施、文化教育设施的投资。

而 2011 年，城市市政公用设施固定资产投资完成额已达到 13934 亿元，占同期 GDP 的比重已接近 3%（见图 4）。可以预计，未来随着我国城市化的推进，我国城市基础设施投资需求仍将快速增长。

（4）城市化将促进城市环境治理与美化投资需求的增长。城市环境是城市人口赖以生存、生产、生活的基础。城市化所带来的大量人口进入城市，会对城市环境带来长久、持续的影响，将产生大量的生活垃圾，排放大量的生活污水等，由此拉动相关基础设施投资需求增长。据测算，大城市每增加 10 万名流动人口会产生 10 万公斤垃圾、排放 2300 万公斤生活污水和污染物（朱韵洁、贺浩亮，2009；曹新，2004）。城市化除了带动对垃圾和污水处理的投资需求增长，还将带动城市生态环境、绿化设施等投资需求的增长。2001 年我国城市建成面积为 681914 公顷的绿化区，绿化覆盖率为 28.38%，随着城市绿化建设的增加，到 2010 年达到 1612458 公顷，绿化覆盖率也上升为 38.62%。2001～2010 年中国城市环境治理的投资情况如图 5 所示。

（5）城市化将促进科教文体卫等基本公共服务设施投资需求的增长。首先，城市化会拉动教育基本公共服务设施投资需求的增长。城市人口的增加必然会增加幼儿园、学校等教育方面的投资。其次，城市化会带动文体基本公共服务设施投资需求的增

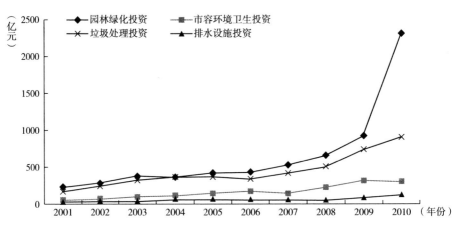

图5 2001～2010年中国城市环境治理投资变化

长。农村居民进入城市后，在健身、娱乐以及医疗保健方面的支出不断增加，对健身场馆、社区文化活动中心等公共设施的需求将增长。最后，城市化所带来的人口增加必然需要相适应的公共卫生设施，同时城市化促进居民收入提高，带动居民消费需求结构的升级，使其更加重视自身的医疗保健问题，所以会促进公共卫生设施投资的增长。

（6）城市化将促进房地产投资需求的增长。大量农村居民向城市居民转变，势必会对房地产投资产生巨大的影响。事实上，近年来在我国城市化快速发展过程中，全社会固定资产投资中住宅投资占了较大的比重，城市住宅投资占全社会住宅投资的比重由1995年的69.20%上升到2010年的88.30%。城市房地产投资占全社会固定资产投资的比重也不断上升，从1997年的

12.74%上升到 2011 年的 19.84% （见图 6）。在城市化水平较高、净流入人口较多的北京、上海等超大城市，城镇房地产投资占其全社会固定资产投资的比重更是分别达到 54.42% 和 45.42%。可见，城市化的进程将拉动巨大的房地产投资。

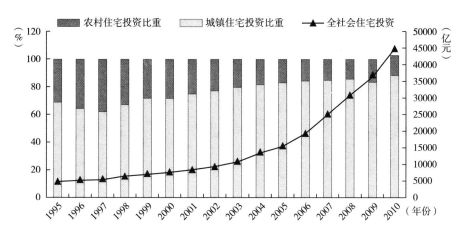

图 6 全社会住宅投资及城乡住宅投资比重
数据来源：《中国固定资产投资年鉴 （2012）》。

二 模型介绍及城镇化情景设计

前文分析了城镇化在不同渠道对经济增长的促进作用，经济、社会活动之间是相互影响的，经济增长同时也会影响城镇化的发展 （见图 7）。为了更好地刻画这种复杂的交互影响关系，我们构建了反映中国经济现实状况的可计算一般均衡模型。可计算一般均衡模型既可以反映不同生产部门之间的投入和产出

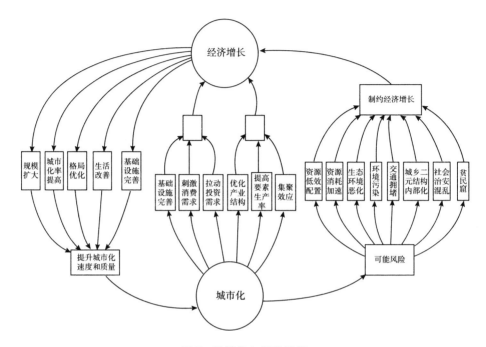

图 7　城镇化与经济增长

关系，也可以反映经济活动的主体（企业、政府和居民）之间
以及与生产部门之间的收入分配关系，还可以刻画经济活动主体
的消费和投资行为，因此可以用来模拟城镇化对经济增长的
影响。

（一）模型介绍

我们在此所构建的基本分析工具是动态递推中国经济可计
算一般均衡模型（Computable General Equilibrium Model，即
CGE Model），是在国务院发展研究中心发展部以前开发的递推

动态中国 CGE 模型的基础上修改更新而成的。[①] 模型包括 34 个生产部门，城镇、农村两组居民家庭，以及五个初级生产要素：农业土地、资本和农业劳动力、生产性工人、专业人员。34 个生产部门中包含 1 个农业部门、24 个工业部门和 9 个服务业部门。模型的基年为 2007 年，数据主要来源于 2007 年投入产出表编制的 2007 年社会核算矩阵（Social Accounting Matrix, SAM）。

（二）情景设计

这里所采用的方法主要是情景分析法。"情景"是指对有潜力的未来进行的描述并指出走向这一未来的途径。由于未来经济社会发展的状况是许许多多不确定的因素共同作用的结果，因此存在很大的不确定性。情景分析法主要是通过广泛考虑未来各种不同的影响因素，根据不同的假设推断出不同的结果，向人们展示未来可能的发展状况。在城镇化进程中，不同的政策选择决定了不同的城镇化道路，也决定了未来不同的城镇化水平。这里通过设计两种不同的城镇化发展速度情景来模拟城镇化对经济增长的影响（见表 2）。

[①] 关于模型本身更多的描述参见李善同、翟凡《中国经济的可计算一般均衡模型》（1997）和翟凡《结构变化与污染排放——前景与政策影响分析》（1997）。

表 2　未来中国经济增长前景分析的情景设计

情景类别	情景设定
基准情景 （城镇化情景 1）	基准情景的相关设定如下： 1. 人口总量的变化趋势外生 2. 城镇化水平及城乡人口外生，2007～2020 年城镇化率年均提高 0.9 个百分点，2021～2030 年城镇化率年均提高 0.6 个百分点 3. 劳动力总量的增长外生，农业土地的供给变化外生 4. 各种国内税率保持不变，各种转移支付外生 5. 2005～2010 年国际收支将逐步调整到收支平衡，2010～2020 年国际收支将保持平衡 6. 政府消费增长率外生 7. 全要素生产率（TFP）外生，假设 2005～2020 年全要素生产率的增长率仍然保持过去 25 年的平均水平，即保持在 3% 左右的水平 8. 技术进步的偏向性及中间投入率的变化外生
城镇化情景 2	1. 城镇化进程快于基准情景，2010～2030 年城镇化率比基准情景每年提高 0.2 个百分点 2. 政府公共服务的增长速度略高于基准情景

在基准情景中，我们预期中国经济将继续过去的发展趋势，人力资本的积累以及科技进步可能会带来规模递增效益，体制改革将进一步深入，在金融体制、贸易体制、投资体制以及国有企业方面的改革将促进要素在不同部门和地区更加合理有效地配置，这些因素的共同作用将促使 2005～2020 年全要素生产率（TFP）继续保持过去 25 年的增长水平，平均增长率将维持在年均 3% 左右。城镇化和工业化将继续推进，城镇化水平将以年均 0.8 个百分点的速度继续推进，预计到 2020 年将达到 58% 左右，2030 年城镇化水平将进一步提高到 64%；伴随着城镇化进程的推进，农业劳动力也将进一步向非农产业转移；

未来一段时期技术进步将延续一定的偏向性①，比如大多数部门对交通运输部门和信息产业部门（交通运输设备制造业、电气机械及器材制造业、电子及通信设备制造业）的中间使用率有所上升，多数资本密集型产业对劳动密集型部门（诸如纺织业、服装、木材加工及造纸、文教用品等）的中间使用率将有所下降。居民的储蓄行为在短期内不会存在大的变化，但是长期来看随着人口年龄结构的变化，中国的老龄化状况将日益严重，随之而来的是老龄人口不断增加，居民的储蓄能力将不断下降，居民储蓄率也将不断降低。

在基准情景的基础上，本文还设计了另外一个城镇化情景。如果能够较快改革劳动力市场，减少劳动力转移的障碍，不断改善城市基础设施，改革社会保障体系，为向城市转移的劳动力和人口提供公平竞争的环境，势必会加速城镇化进程。在城镇化情景2中，模型假设2010~2030年城镇化率比基准情景年均提高0.2个百分点，这意味着到2020年城镇化水平将达到61%，2030年将达到69%左右，接近中上等收入国家21世纪初的城镇化水平。随着城镇化进程的加速，劳动力和人口的转移速度也快于基准情景。

---

① 有关技术进步的偏向性及中间投入率的变化的设定主要参考1987~2000年的中国投入产出表所反映的变化趋势以及美国相关参数的变化趋势。

三 情景分析

在情景设计的基础上，利用可计算一般均衡模型进行模拟。对比两种情景可以反映城镇化对经济增长的影响。首先需要介绍一下基准情景下未来中国经济的概貌。

（一）基准情景

表 3 给出基准情景下的 2007～2030 年的经济增长状况。在基准情景的相关假设条件下，"十二五"期间 GDP 的增长速度预期将达到 7.9%；随后经济增长将有所减缓。2015～2020 年、2020～2025 年以及 2025～2030 年的经济增长速度预期将分别达到 7.1%、6.7% 和 6.0%。整体来看，未来二十年的经济仍将保持较快的增长速度，年均达到 6.9%。

表 3　基准情景下 2010～2030 年的经济增长及其源泉

单位：%

	2010～2015 年	2015～2020 年	2020～2025 年	2025～2030 年
GDP	8.2	7.1	6.1	5.4
增长的源泉：				
劳动力	0.5	0	0	-0.3
资本	9.7	7.8	6.6	5.8
TFP	2.2	2.4	2.1	2.0

从经济增长的源泉的角度来看，未来 20 年促使中国经济快速增长的主要动力是快速的资本积累。虽然资本投入对 GDP 增长的贡献在下降，但其对 GDP 增长的贡献率仍然高达 60% 左右。快速的资本积累来源于国内的高储蓄率和高投资率。未来二十年中国的人口老龄化程度将不断严重，65 岁以上的老龄人口在整个人口中所占的比重将由现在的 8% 左右不断上升到 2030 年的 16%，人口年龄结构的变化将带来抚养率的提高、储蓄能力的下降和储蓄率的降低。随着居民储蓄率的下降，整个社会的投资也将随之下降，到 2030 年投资率将下降到 25% 左右。相对于资本来说，劳动力的贡献非常小，这在一定程度源于我们国家的人口年龄结构。随着人口年龄结构的变化，2010～2020 年中国将迎来劳动力年龄人口的高峰，随后劳动力年龄人口将不断减少。随着劳动力年龄人口的不断减少，如果劳动参与率没有大的变化，劳动力供给将随之下降。从其对 GDP 的贡献来看，2020 年后劳动力数量投入对经济增长的贡献接近于零，而且会不断转变为负数。推动未来中国经济持续快速增长的另一动力是全要素生产率的快速增长，而且其对经济增长的贡献越来越大，这在一定程度也说明完善体制改革、提高生产效率、促进技术创新、优化资源配置来带动全要素生产率的快速增长，实现中国经济可持续发展。在提高整体全要素劳动生产率的诸多因素中，劳动力的重新配置起着非常重要的作用，诸多的研究①都揭示改革开放以来农业劳动力向非农业产业的转移对 GDP 增长的贡献超过 1 个百分点。城镇化水平和非农业就业比重呈现一种正向关系，伴随城镇化进程的推进，越来越多的农业劳动力人口在城市获得了就业机会，相应的，农业人口也随之转移到城市。在城镇化率年均提高 0.8 个百分点的情况下，与之相应的劳动力转移仍将对中国经济的增长起着重要的推动作用。未来二十年劳动力重新配置对 GDP 增长的贡献将达到年均 0.5 个百分点，随着农业人口和农业劳动力的不断减少，这种的贡献也随之减弱。

表 4　基准情景下 2007～2030 年的 GDP 结构及就业结构

单位：%

	GDP				就　业			
	2007 年	2010 年	2020 年	2030 年	2007 年	2010 年	2020 年	2030 年
第一产业	11.3	11.5	7.2	4.4	40.8	38.4	28.9	20.6
第二产业	50.0	48.8	45.2	42.7	26.8	27.2	28.6	30.3
第三产业	38.7	39.7	47.7	52.9	32.4	34.4	42.5	49.1

注：由于 2007 年 GDP 的数据来自投入产出表，所以 GDP 的部门结构与年鉴公布的结构有所差异。

　　中国经济仍处于工业化阶段，产业结构的快速调整既是经济发展的动力，也是经济发展的鲜明特征。表 4 给出了基准情景下 2007～2030 年的产业结构。从模拟的结果来看，2020 年，

---

① 参见 Chow（1993）、Woo（2002）等。

三次产业的比重将调整到 7.2：45.2：47.6①，到 2030 年三次产业的比重将进一步调整到 4.4：42.7：52.9。消费结构变化（恩格尔效应）、技术升级、国际贸易是推动产业结构变化的三大动力。从产业结构变化的趋势来看，由于农业劳动力的不断转出以及恩格尔效应的影响，未来二十年第一产业的比重将不断下降。从第二产业来看，其比重将有所下降，具体来说，各部门的变化趋势不尽一致。由于受到资源本身的限制，采掘业所占比重将会有所下降；随着消费结构的变化以及出口增长速度的变缓，食品、纺织等消费品生产行业的比重将有所下降；随着投资率的下降，相应建筑业和建材等行业的比重将有所下降；技术密集型的电子产品等行业仍将保持较高的比重；随着经济发展水平的提高和生活水平的提高，能源需求仍将不断增长；随着居民消费中服务业需求的不断增加，以及对生产性服务业需求的增加，未来二十年服务业的比重将一直上升。

伴随着产业的调整，就业结构也出现了很大的调整。随着农业劳动力的转出，第一产业的就业比重不断下降，到 2030 年预计下降到 20.6%。未来二十年第二产业吸纳的就业所占的比重将稍有上升。与第二产业相比，服务业吸纳劳动力的能力

---

① 在此我们所提到的产业结构的比重都是基于现有的统计标准和口径以及 2000 年投入产出表反映的基年的产业结构比重而得到的。

较高，转移出去的劳动力中的绝大部分被服务业吸纳。随着第三产业的快速发展，服务业的就业比重将不断上升，到 2030 年将达到 49.1%。

图 8 给出了基准情景下 2007 年和 2030 年农村居民和城市居民的消费结构。城市居民对农产品的消费所占的比重要低于农村居民，而对服务业和工业品的消费的比重要高于农村居民，2007 年城市居民农产品消费所占的比重比农村居民低 13 个百分点，而对服务的消费则比农村居民高 8 个百分点左右。从未来二十年的变化来看，随着收入水平的提高，居民对服务消费的比重将继续提高，而对农产品消费的比重相应有所下降。从农村居民来看，2030 年相对于 2007 年，其对服务消费的比重提高了 6 个百分点，而对农产品消费的比重下降了 7 个百分点。城市居民消费结构的变化趋势与农村居民基本类似。

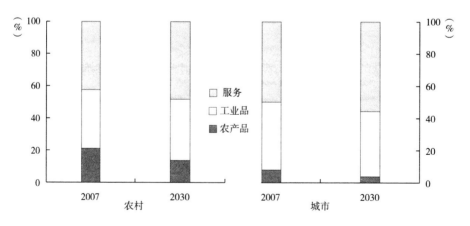

图 8　农村和城市居民消费结构的变化

（二） 城镇化情景 2

表 5 给出了城镇化情景 2 下的未来二十年经济增长的状况。从 GDP 的增长速度来看，2010～2030 年，城镇化情景 2 比基准情景年均快 0.13 个百分点。从 GDP 总量来看，到 2020 年城镇化加速情景下的 GDP 总量比基准情景提高了 0.7%；到 2030 年城镇化加速情景下的 GDP 总量比基准情景提高了 2.7%。对比基准情景和城镇化情景 2 中城镇化水平的差异，可以发现城镇化情景 2 中的城镇化率比基准情景高 4 个百分点，意味着城镇化率每提高一个百分点，将促进 GDP 增长速度提高 0.7 个百分点左右。[①]

表 5　城镇化情景 2 下的 2010～2030 年经济增长及其源泉

单位：%

	2010～2015 年	2015～2020 年	2020～2025 年	2025～2030 年
GDP	8.3	7.2	6.4	5.6
增长的源泉：				
劳动力	0.5	0	0	−0.3
资本	9.8	7.9	6.7	5.9
TFP	2.2	2.5	2.3	2.1

---

① 世界银行 2005 年的一份报告指出，如果把农村人口的 1%、5% 和 10% 转移到城镇地区，那么整体的国内生产总值将会分别提高 0.5%、2.5% 和 5.0%。相对于世行的结构，本研究的结果略低，主要原因是世行的研究是基于 2001 年的数据所做的静态分析，随着城镇化水平的提高，这种转移的边际作用将越来越小。

　　加速经济增长的动力主要有三个。第一个动力来自劳动力的重新配置带来的速度的加快，即劳动力由低生产率部门（农业）向高生产率部门（非农产业）转移的速度加快，这将从整体上提高劳动生产率的水平。模拟结果显示，城镇化加速带来的劳动转移加速对经济增长的贡献比基准情景年均提高 0.2 个百分点。第二个动力来自城镇化加速带来的整体储蓄率和投资率的上升。通常来说高收入群体的储蓄率水平要高于低收入群体，从 2007 年来看，城市居民的储蓄率要比农村居民高 10 个百分点左右。随着城镇化进程的加速，将有更多的农村居民转移至城市，在城市获得就业机会，收入水平也较之在农村有所提高，相应的储蓄水平也有所提高；同时城镇化水平的提高也加大了对城市基础设施投资的需求，因此，城镇化加速导致整体储蓄率和投资率的上升，最终推动经济的长期发展。从表 5 的结果来看，资本的年均增长率要比基准情景高将近 0.1 个百分点。最后一个主要的动力来自劳动力素质（或者说人力资本）的提高。与农村相比，城市的教育水平要更加现代化，也更加符合社会的需要；同时城市对劳动力进行培训的机会也远远要多于农村。因此城镇化进程的加速将从整体上改善劳动力的素质，提升全社会的人力资本，促进经济的长期增长。当然这一效应在短期并不能很快体现，因此在我们的模拟中尚未考虑。

　　从居民的收入水平来看，对城市居民来说，虽然城镇化进程加速使越来越多的农村劳动力涌向城市，加剧了城市劳动力市场的竞争，但是随着城镇化水平的提高，相应城市就业机会也在增加，整体来看，在城镇化加速情景下，城市居民的整体平均收入水平略有下降；对农村居民来说，随着越来越多的农业劳动力的转出，剩余农村劳动力的边际生产率将有所提高，因此收入水平也相应有所提高。根据模拟的结果，农村居民在城市加速情景中的人均收入水平将比基准情景提高近20%，整体来看，全部居民的人均收入水平提高了1.5%左右。从城乡的比较来看，随着农村居民收入水平的提高，城乡居民的收入差距要比基准情景有所下降。因此整体来看，城镇化进程的加速提高了农村居民的收入水平，缩小了城乡居民的收入差距。

表6　城镇化情景2下2007～2030年的GDP结构及就业结构

单位：%

	GDP				就　业			
	2007年	2010年	2020年	2030年	2007年	2010年	2020年	2030年
第一产业	11.3	11.5	7.4	4.4	40.8	38.4	26.7	15.4
第二产业	50.0	48.8	44.7	42.0	26.8	27.2	29.4	32.0
第三产业	38.7	39.7	47.9	53.6	32.4	34.4	44.0	52.6

　　与经济增长速度一样，产业结构和就业结构也因城镇化进程的加速而改变。就业结构是所有经济指标中受城镇化进程加速影响最大的指标。从就业结构来看，伴随着城镇化进程的加速，越来越多的农村劳动力在城市获得就业机会，完成了从农业劳动力

向非农劳动力的转变。从表6的数据来看，2030年城镇化加速情景下城市水平提高了4个百分点，相应带来农业劳动力比重下降了5个百分点左右。转移出来的劳动力被服务业和第二产业所吸纳。一方面，随着城镇化水平的提高，城市居民整体对服务业的消费需求也随之提高，同时服务业相对于制造业来说，其吸纳劳动力的水平要远远高于后者，因此大部分转移出来的劳动力将被服务业所吸纳。从表6的数据来看，2030年在城镇化加速情景下，服务业的就业比重比基准情景提高了3.5个百分点。另外，随着城镇化水平的提高，城市基础设施和房地产建设的需求也随之增加，建筑业同样是一个劳动力密集型的行业，相应转移出来的一部分劳动力被第二产业中的建筑业所吸纳，整体来看第二产业的就业比重在城镇化加速情景下也有所提高。

从产业结构来看，消费结构的变化和大量转移的劳动力从需求和供给两个方面推动了产业结构的变化。从前文的分析可以看出，随着收入水平的提高，居民对服务的消费比重不提高；城市居民对服务的消费要远高于农村居民。因此随着城镇化进程的加速，越来越多的农村人口转移到城市成为城市居民，其收入水平也随之提高，同时农村剩余居民的收入水平也有所提高，在两者的共同作用下，居民对服务业的需求快速提升，从需求角度拉动服务业的发展。从供给角度来看，大量转移出来的农村劳动力正好满足了服务业这一劳动力密集型产业的迅速发展对劳动力的需求。从表6给出的模拟结果来看，与基准情景相比，城镇化进程加快将拉动服务业的比重提高近0.8个百分点。由于服务业的快速发展，制造业和农业的比重相应有所下降。①

四　结论及相关讨论

本文从理论和实证角度分析了城市化对中国经济增长的影响。在理论方面，本文指出城市化是由以农业为主的传统乡村社会向以工业和服务业为主的现代城市社会逐渐转变的历史过程，其实质是人口和经济活动在空间上的聚集过程，这种集中便利了经济活动利用相互间的技术和资金外部性，提高生产率，带动资本形成，有利于经济增长。具体而言，城市化对中国经济增长的影响机理主要体现在两个方面，一是供给方面，城市化是实现资源的优化配置，提高全社会劳动生产率水平的重要手段，主要表现为城市化有利于发挥集聚效应，有利于农村劳动力的优化配置和土地资源的优化配置等；二是需求方面，城市化提升了消费水平和结构，拉动了投资与消费需求，并加速了产业结构升级。

在实证方面，本文利用国务院发展研究中心发展部开发的递

---

① 需要指出的是，表6给出的GDP结构是根据现价计算的，如果根据实际价格计算，农业的比重将比基准情景下降得更多。

推动态中国 CGE 模型对城市化对中国经济增长的影响进行了情景分析，分析结果如下。

（1）城市化进程加速将有助于加快中国经济的增长。城市化进程的加速主要从改善要素配置效率、提高储蓄率和投资率、提升居民消费结构以及提高人力资本等方面推动经济增长。未来二十年，城市化水平年均提高 0.2 个百分点将促进 GDP 年均增长率提高 0.13 个百分点。到 2030 年，与基准情景相比，城市化水平提高 4 个百分点将带来 GDP 增长 2.7%。

（2）城市化进程加速将提高整体居民的收入水平，缩小城乡居民的收入差距。

（3）城市化进程的加速将带动更多的农业劳动力向非农产业转移，促进服务业的发展，加速增长方式的转变。到 2030 年如果城市化水平多提高 4 个百分点，将带来 5 个百分点左右的劳动力转向非农产业，服务业的比重将提高 0.8 个百分点。

尽管本文从理论和实证角度分析了城市化对中国经济增长的积极影响，特别是城市化对中国经济增长推动作用，但是还有四个方面的问题需要澄清。

（1）城市化对中国经济增长具有正面影响，城市人口的增加对交通、能源、供水、学校、住房、绿化、广场、城市安全系统需求的增加是立即产生的，但是消费水平升级、投资需求扩大所产生的拉动作用是有时滞的。

（2）单纯的城市化不是中国经济长期可持续发展的药方，需要其他结构调整和政策变革的推进，城市化不应被视为一个独立的过程，而应把它作为支持经济结构变革的一种力量。当前，中国处在"中等收入转型"阶段，经济正在向由国内消费、更高效投资和更高附加值出口所拉动的增长模式转型。在出口需求低迷的情况下，中国未来的经济增长将主要来自国内不可贸易部门的需求增长。因此，就长期的经济增长战略而言，中国要更加倚重不可贸易部门的生产率和增加值的提升。而这要求国内市场竞争、合理的监管政策、人力资本和基础设施投资以及创新的支撑。这些均需要进一步推进改革。可以说中国面临的最大风险是改革的停滞。

（3）城市化对中国经济增长是否具有正面影响，关键是中国城市化能否健康发展。这需要解决三个关键问题：第一，城市化能否带动生产率提高，让穷人和富人、农村人和城市人都能受益？第二，城市化能否以财政上可持续的方式来实现？第三，中国能否避免其他大都市人口过度密集导致的"城市病"？

（4）城市化过程中需要克服投资冲动，真正推进人的城市化。目前，投资对中国经济增长的贡献已经很大。未来，中国的城市化将继续扩张，在此过程中，基础设施（交通、供水、排污系统、通信和电力等）、住宅、商业地产等方面将需要大量的投资。毫无疑问，在城市化中，中国依然会保持很高的投资率，问题在于投资的质量和效益。低效的投资要减少或者尽可能避免，一方面要通过公共政策的合理化来达到这一目标，另一方面也需要通过竞争和更有效的治理机制来改变国有企业的运行环境。此外，还要推进金融部门的改革，从而消除不同类型企业获得资本的不平衡性。更为重要的是，要真正推进以人为核心的城市化，避免城市化演变为造城运动，避免城市化成为独立的经济增长计划。

参考文献

[1] 国务院发展研究中心"促进城乡统筹发展，加快农民工市民化进程研究"课题组：《农民工市民化与城镇人口空间合理布局研究》，国研网，2011 - 7 - 29，http://drcnet.com/DRCnet.common.web/docview.aspxversion = Integrated & docid = 2588264& leafid = 3186&chnid = 1002。

[2] 王小鲁、夏小林：《中国城市化路径与城市规模的经济学分析》，《经济研究》2010 年第 10 期。

[3] Au, C. and V. Henderson, "Are Chinese Cities too Small?" *Review of Economic Studies*, 2006, 73 (2): 549 - 576.

[4] Ciccone, Antonio, "Agglomeration Effects in Europe," *European Economic Review*, 2002, 46 (2): 213 - 27.

[5] Feldman, Marynn, P. and David, B. Audretsch, "Innovation in Cities: Science - Based Diversity, Specialization, and Localized Competition," *European Economic Re-

view, 1999, 43 (2) 409 – 29.

[6] Henderson, J. Vernon, Todd Lee, and Yung Joon Lee, "Scale Externalities in Korea," *Journal of Urban Economics*, 2001, 49 (3): 479 – 504.

[7] Henderson, J. Vernon, Zmarak Shalizi, and Anthony J. Venables, "Gography and Development," *Journal of Economic Geography*, 2001, 1 (1): 81 – 105.

智慧城市助力新型城镇化

李　迅*

大家上午好！今天很高兴参加我们智慧城市建设的高层论坛和实验室发展的座谈会。我说以下几点个人观点。

第一，智慧城市首先要智慧地认识城市。城市是一个复杂的巨系统，城市发展是一个系统工程，用简单的方法可能无法解决系统问题。

第二，城市的主体是人，城市的目标是使人生活得更好，这是我们的宗旨。任何事情都有两面，任何事情都是双刃剑，包括科学技术的发展，包括金融资本，包括城市和城市化。所以要防止事与愿违，你以为你是向着天堂的方向走，实际上很可能是往地狱前进。

---

　　*　李迅，中国城市规划设计研究院副院长，高级城市规划师，国家注册城市规划师。研究领域为城市发展战略、城市总体规划、小城镇规划、城市可持续发展等。

第三，城市会壮大，也会萎缩，还会负增长和破产，美国底特律的案例已经给出证明。所以在城市发展中要注意过程，城市会变迁。大家提到了城乡关系，过去的城乡关系是融合的，现在走向对立，将来是不是还有可能走向融合？霍华德提出田园城市的概念，很多人提出现代田园城市的概念。城市规划管理要精明和智慧，要做能伸能缩的规划，做好顶层设计，达到事半功倍的效果。

第四，智慧城市的核心要义第一是讲感知，信息要进行采集、传感，这一点是非常重要的，要用现代化的手段；第二是强调融合，就是说资源的共享和整合；第三是强调智能化和系统化，要用综合的、集约的、低碳的、生态的、绿色的、智慧的思想来进行城市分析、决策和管理，这些低碳、生态、绿色、智慧，既是目标也是手段，同时还是过程，需要不断地进行反馈和调控，同时还要防止负面化。这是我对智慧城市核心要义的认识。

再讲一下对城市的认识。世界在发展，城市在发展，其不竭动力主要包括以下几点。

第一，原始的、自然的动力就是太阳，我们要用好太阳这个原动力，主动使用太阳物质。

第二，在理念、技术和制度设计上进行创新，推动世界前进。城市发展前进的动力在于解决矛盾、产生创新。现在的城市存在很多问题，比如"城市病"，城乡分离，精神、文化、道德和财富的缺失，信息爆炸，信息破碎，以及汽车文化带来的问题。我讲一个案例，马来西亚的城市管道构建了一个智慧管道网络，平时是双层双向的，但是当有大雨或洪水的时候，就变成了洪水管道，可以实现单层单向。还有城市矿山的概念，城市的垃圾可以100%地利用，用垃圾作为生产原材料，可以是环保的、吸收碳和甲醛的。还有"地沟油"的问题，中国人深恶痛绝的"地沟油"可以用来制造化工产品。还有智慧的管理，城市管理不是以罚款为目的的；在智慧电网中，电表不仅可以顺着转，还可以倒着转进行发电。关于智慧城市的认识，有狭义的和广义的，这是基于数字技术、信息系统和物联网系统发展而来的。智慧，可以是基于智慧理念、智慧技术和智慧制度而形成的城市发展的一种新形态。

第一，社会进入城市时代，是复杂的巨系统城市时代，这是一个信息爆炸的大数据时代，因而，智慧城市的发展需要智慧的理念和创新。要用低碳、生态、绿色、宜居、循环共生、天人合一、平衡协调、幸福美满这些理念支持社会发展。比如用适宜的技术包括用全生命周期概念进行系统的顶层设计，要用智慧理念支持发展。

第二，智慧城市的发展需要智慧技术。现在强调低碳和生态，能不能主动地应用被动式的技术？德国人发明了一种房子，这种房子不使用能源而是以人产生的热量作为能源。人进去活动以后产生能源，房子所需的能源通过人的运动产生。TOD、微循环、可再生的分布式能源；城市矿山，城市的资源在城市里再生，再利用，再循环；生态诊断，包括屋顶绿化，可以在城市里种菜，自给自足。这是一种智慧的技术和智慧理念，包括碳的问题，也包括复合生态系统的一系列理论。

第三，智慧城市需要正确的体制机制做保障，资源能不能共享，在于是否搭建了公共信息平台。第一要进行信息化的管理，实现信息的全面感知和全面共享；第二要进行精细化的管理，协同运作，智能处理和服务的预测要非常精细；第三要进行人性化的管理，通过智慧的管理进行科技创新，实现经济增长方式的转变，提升城市的综合竞争力、硬实力、软实力、巧实力，使城市运行更安全、更高效、更便捷、更绿色。

智慧城市这个名词非常好，这也是智慧创造，一定要争取建设智慧城市，理念重于技术，制度决定行动。

点评 1

魏紫川 *

听了大家的发言，我很受启发，有一些认识想和大家分享。现在城市建设拉动了中国经济建设新一轮的发展，智慧城市是中国经济发展新的引擎，智慧城市建设与十八大提出的新型城镇化建设的目标是高度吻合的。新的智慧城市建设，是更加和谐、更加高效、交易成本和物流成本都非常低的城镇化建设，也可以解决以前城镇化、城市化过快发展、资源过度消耗这样一些"城市病"。新的智慧城市建设中也存在一些新的问题，比如系统分散建设问题、建设和投资连续性的问题、建设的安全可靠性问题等。对今后的智慧城市建设我也有一些体会和建议。

第一，国家应该高度重视，特别是要出台引领智慧城市建设的政策，加强这方面的规划。

---

* 魏紫川，安徽来安人，经济学博士，高级工程师，新华网副总裁。

第二，要分阶段落地，找准一些具体的切入点，也可以先进行试点再推广。

第三，要加强制度建设，规范智慧城市的建设标准，促进各相关机构的协同和资源整合。

第四，要加强应用，带动特色产业协同发展。

第五，新一代智慧城市的技术要以人为本，满足市民和企业的需求，政府要更好地提供服务，以促进经济发展和民生的持续改善。

第六，要加强智慧城市的舆论宣传和普及，并鼓励大众广泛参与。新华网作为中央重点新闻网站，有责任和义务宣传好智慧城市建设，所以我们希望能够继续加强与中国社会科学院包括在座各位的合作，希望大家今后继续关注新华网，谢谢大家。

专题 3
城市动态模拟方法与应用

智慧城市论坛No.1

政策模拟与城市管理

王　铮[*]

政策模拟与城市管理，主要内容是技术化的内容。我要讲的主要是城市发展管理的政策模拟问题。

首先，什么是政策模拟？政策模拟就是我们平时说的建模与仿真。政策模拟是如何产生的？二战以后，世界上开始竞争的主要是武器，热战时期是原子弹，冷战时期也是原子弹。1964年，中国研制出了原子弹。到了20世纪60年代末美国不再进行核武器实验，公开的说法是首先要保护环境。那时，美国人搞什么呢？先是在航天技术上要超越苏联，1969年时，美国实现了登月，并暗自开始搞政策模拟。政策是要模拟出来而不是用脑袋想出来的。搞政策研究的总是说要搞头脑风暴，美国人不是这么简

---

*　王铮，1954年12月生，云南陆良人，中国科学院科技政策与管理科学研究所研究员，国家重大科学研究计划首席科学家。研究方向为政策模拟、经济计算和地理计算。

单的，他们用科学的办法来模拟政策。1979 年，美国人做了一个模型，就是美国和世界经济动态一般均衡模型。中国加入WTO 的时候，美国人模拟好了政策才来与中国谈判，最主要的就是要让中国开放出版市场。他们知道中国人不会让步，但就是要把这个问题提出来。中国不开放出版市场也可以，那就要拿别的经济政策来交换。

如何进行政策模拟？我们在进行政策模拟前，不知道未来怎么样，所以政策模拟要进行多情景分析，分析将来可能会怎么样，采取这个政策将来会怎么样，采用其他政策又会怎么样。例如，计划生育政策将来会怎么样，只生一个孩子会怎么样，生两个孩子会怎么样。当时说一对夫妻一个孩子好，胡焕庸先生认为这个政策不好，将来没有人养老人。可是当时没有进行多情景分析。这个问题可以用控制论来分析，计算机时代开始了，可以利用计算机来做。经济计算、地理计算与计算管理科学，都是作为基础发展起来的。

这里说明一下城市计算，城市计算主要涉及的学科是计算经济学，还有计算地理学、计算管理科学，作为工具的是决策支持系统、地理信息系统，常用的方法是情景分析。面对政策问题，要给出几种情景，用这些方法研究它的结果会怎么样。例如，放开一胎政策城市会怎么样？放宽，用另外一个政策，城市又会怎么样？这个人口政策就是情景，是为政府提供的，但是科学家一定要先研究出来。

进行政策模拟，要突破一个思想瓶颈。每一次政策模拟，是不是都要先模拟过去，以验证我们模拟的结果能否跟过去对上？其实，对对不上的情况要重视但也别太较劲。因为新的模型可能是根据现在的机制建立的，现在的结构在过去还不存在。用过去的结构，现在又对不上了，所以要有演化的观点。关键是模型要有正确的科学认识做保障，不要片面强调城市政策问题的实证科学性。"子在川上曰，逝者如斯夫"，永远不会有同一条河。政策的环境总是在变，所以现在的模拟，不能用过去来检验，用现在试验一下也不行，因为政策一实施，就干扰了原来的系统。这个问题是个哲学问题。从科学上看，主要是模拟的模型要保证数学逻辑结构是正确的。在政策模拟之前，就要多设想几种情景，"兵马未动，粮草先行"，然后对各种情景进行模拟，这样就可以估计不同经济结构的演化方向，从而认识政策问题。

国际上城市的政策模拟是怎么做的？发达国家的做法是开发政策模拟器。什么叫作政策模拟器？政策模拟器就是一个为政府或者顶级决策者服务的决策支持系统，美国的盐湖城、洛杉矶就做了这样的城市发展政策模拟器。城市发展政策模拟器是一类特殊的政策模拟器，常规的政策模拟器包括宏观经济政策、资源环境政策和企业政策，城市发展政策模拟器可以是它们的合成。

　　要深入认识城市政策或城市管理模拟器，就要认识城市管理。这就是计算机工程所谓的需求分析。城市管理包括环境管理、人口管理和增长管理，城市发展政策模拟器应该包括这些功能。另外还必须有一些原则。城市管理服务的是人，人与人在一起，公平是第一位的，这是城市管理的第一原则。现在中国的城市管理政策模拟就遭遇这个伦理学挑战。中国现在构建新型城镇化的关键是让农民与城镇人有平等的地位。政策模拟在政策设计和模拟结构选择上一定要符合伦理学。公平是新型城镇化最关键的因素，总之，搞城市发展政策模拟器一定不能缺少伦理学的约束。

　　城市发展政策模拟器，最初是从城市规划中提出来的。20世纪末，英国的牛津大学、美国的华盛顿大学开始研究城市政策问题。后来在加利福尼亚州有一个人领导开发了一个叫 UrbanSim 的系统来模拟城市的土地利用，这就是城市发展政策模拟器的原型。

　　在我国也有类似的例子。一个是上海市的宏观经济模拟系统。利用它模拟 2008 年的结果是，如果房价降低 30%，可以刺激上海的经济上涨 60%，因为房价太高，大家很少消费其他商品，整个产业就发展不起来。另一个是关于设施布局的，即关于城市的中小学该设在哪里，垃圾场该设在哪里的问题。可计算的一般均衡，是政策模拟的常见类型。经济分析一定要考虑一般均衡。一个城市的发展政策，要考虑部门之间的影响，例如，土地的价格会影响房地产的价格，房地产的价格会影响全体社会的经济生活。城市发展的政策模拟，除了一般均衡分析，在方法学上还需要数据挖掘或数据分析、基于自主体的模拟、空间运筹计算、实验人文地理学分析等。现在又兴起了智慧城市，不过它不是政策模拟。

我们的报告是要落实到智慧城市问题上的，这个报告不是讲智慧城市或智能城市的，是讲城市发展政策模拟应该怎么做，有些跑题了。其实，无论智慧城市建设还是城市发展政策模拟，城市的信息集成都是很重要的，无论从哪一个角度来说，信息基础都是关键的。这就向我们提出了政府的信息管理模式问题，这是很重要的。

说到管理，就说到了智能城市问题。我参加过一个会，我一个师弟说他搞了个智能社区系统，说它很智能，我说很好。但是我感到那个东西虽然智能，有的时候会探测到别人的隐私信息。这就不是中国梦了。所以说斯诺登提出了一个文明的问题。在信息文明的条件下，封锁信息、监控民众，智能城市的发展就会走歪了。我们要意识到这个问题，意识到了，就要发展一套伦理学和技术。中国要发展，就要输出我们的文化伦理。

我们说国家有一个梦，中国梦。美国也有美国梦，马丁·路德·金就发表了《我有一个梦想》。我们的中国梦是从孙中山那个时代做起的。有一种说法，是世界上有两个人说发展需要动力，一个是马克思，另一个是熊彼特。马克思说阶级斗争是动力，熊彼特说创新才是动力，这一点是大家公认的。城市发展政策模拟是一种管理学创新，创新就要行动。不能光做梦，还要行动。

从智慧物流到智慧城市

戴定一[*]

大家下午好！我演讲的题目是"从智慧物流到智慧城市"，因为我来自产业界，所以对理论的东西可能不会过多地涉及，我对智慧城市的概念也接触不多，所以没有太多的发言权。下面我想从产业界的角度，从物流的智慧化角度谈一些观察和思考，看能不能对智慧城市产生一些启发。

我讲三个问题，第一个是智慧与智能的关系问题。因为在物流界相关的概念有两种，一种叫智慧物流，另一种叫智能物流，它们之间是有区别的。2008 年 IBM 最早提出智慧地球的概念，与此同时提出了智慧供应链的概念。国内很快就接受了智慧物流这样的概念，并一直发展到今天。2009 年国家发改委委托中国

---

* 戴定一，1947 年 8 月生，上海市人，现任中国物流学会常务副会长，全国物流标准化技术委员会副主任，中国物流与采购联合会专家委员会副主任，国家信息化专家咨询委员会委员。

工程院做了一项物联网发展规划的研究，课题成果确定了物流作为物联网应用的一个重点领域，并且提出了智能物流是物流发展的一个目标。从此以后在很多场合，智能物流就作为一个新概念流行起来。到底是智慧物流还是智能物流呢？这不仅涉及智能和智慧这两个概念有什么区别、有什么关系的问题，而且也会影响实践中究竟用什么名称更能够代表物流及其信息化的发展方向。

智能和智慧既有联系，也有区别。它们都是基于对人的能力属性的描述扩展开来的。但是层次有所不同，内涵也不尽相同。智慧这个概念包括的内容可能更广。IBM 最初提出的智慧供应链实际上包括三个因素。第一是感知，所谓的感知是指不经过人工干预就能够自动地生成数字化的信息。信息是遍地都有的，但是要解决采集的技术问题，并不是通过人去采集，或者说通过人工去统计。感知要解决的是信息采集的实时、客观、低成本、精细化等问题。第二是互联互通。从应用的角度来看，不可能所有的信息都基于自行采集得到，必须建立信息的交换与共享机制，这样信息才能够整合在一起，即可以互联互通。这里既要解决相关各方的利益关系问题，也要解决技术上数据异构的矛盾，所谓互联互通应达到语义关系层面的深度，否则只是数据的堆积，并没有实际意义。第三是应用开发，前两层主要是建立数据基础，应用层面才涉及智能化，即代替人的管控和决策。这样看来智慧包含智能。

对智慧的认识也处在不断发展之中。现在看来，人的智慧大概有三层。第一层是选择能力，最初被作为人和机器之间的基本差别。因为人是会做判断和选择的，而机器不会。所以早期的智能产品首先体现在比传统的机器多了一些自动选择的功能，比如普通相机和智能相机有什么区别？智能相机可以采集当时现场的信息以确定光圈、距离和速度等，有一个采集信息和替人做选择的功能。这样的智能是最浅层的，是按照人类已经认知的逻辑关系和因果关系来代替人做更有效的选择。后来发展到第二层，即会学习的能力。此时出现了更高级的机器人，高级的智能机器不仅可以对已知的成果做一些选择、判断，而且还会发现一些新的逻辑关系，因此它有学习的功能。最典型的例子就是机器人可以打败世界象棋冠军，其下棋能力可以超过人，这样的学习功能反映了智慧的第二个层次。第三个层次是创造能力。人的智慧不仅会基于原有的因果关系和逻辑关系做选择，还会创造，但是到目前为止我们对创新还没有发现成熟的规律，可以用于去复制创新。有一些外部条件，比如说对人要进行素质的培养而不是知识的填充，要有保护知识产权的制度建设，要有风险投资的资本环境等，这些都有利于创新，但并不是这些东西加在一起就必然会有创新，这还不是非常确切的一个规律。到目前为止我们还不知道人的智慧在创新这一层遵循什么样的规律，对智慧的认识还没有到那个层次。

如此看来，智慧物流的概念更宽泛，可能更适合指导现在物流信息化的深化，也更有代表性。从智慧物流的任务来看，它确实包括感知的任务、数据整合和互联互通的任务，以及智能性的开发应用任务这三个层次，只有这样才能全面地把物流信息化的深化和连续性发展概括起来，所以用智慧物流这样的概念，可能比智能物流更好一点。智能物流偏重于技术，而智慧物流涉及很多利益关系和规则规范，所以它带来的复杂性对我们智慧城市涉及的问题可能更具借鉴意义。

第二个问题是智慧物流有什么新的发展。这个问题也分三个层面：感知层面、数据整合和互联互通层面以及应用层面。

第一个层面是感知层面。从感知层面来讲，它是所有行业数据信息源建设的一个基础环节，但是这个环节对物流来说区别于很多其他产业，也决定了物流的信息化有很大的行业特点。各行业大部分的信息化措施或者说技术都是差不多的，但是物流的感知层是独特的。第一个特点是信息的获取主要依靠IT技术在流程中获取，而不是依靠人工在流程之外采集；第二个特点是流程中的信息传导和共享机制。流程的原始信息来自客户，物流流程中产生的物流信息需要与客户的物品信息整合，特别是要进行对应、捆绑，这是物流管理的依据，非常重要，捆绑也涉及共享机制。因此物流信息中有直接采集的部分，或称原始信息，更有叠加、共享、捆绑、数据交换、数据共享，这样共同形成丰富的物流信息。物流信息包括的范围会越来越广，因为影响物流的因素会越来越多。现在要决策和选择的因素越来越多，已经无所不包，但信息具有的时空属性最为重要。因为物流原本就是要解决供需双方在物品供需上的时空矛盾的，所以物流管理在本质上就是管理时空的，不含时空信息的数据基本上不能帮助物流解决问题。话说回来，任何信息只要捆绑上时空信息，就一定会涉及物流管理，涉及时空管理。所以物流信息会越来越成为一种动态变化的数据地图，表现为在地图上带有空间和时间的属性，或者说物流信息是一类动态的数据地图，将来的物流数据库就是这样一种形态。

物流采集信息环节的基本技术是智能终端，可分为两种：一种是跟着货走的，可称之为车载终端或者是货载终端，主要反映物品的状态、属性；另一种是跟着人走的，就是手持终端，固化了人对货物管理的要求。这两类采集信息端都会集成几项基本的技术，第一个是身份识别技术，用条码也好，用 RFID 也好，用其他标识也好，总之要有身份识别，这是一项基础技术，体现管理的颗粒度和精细化程度。第二个是位置识别或定位技术，就是采集人或物的位置信息，因为物流是要管空间的。第三个是各种各样的传感器，根据不同的管理要求，可能采集视频，可能采集音频，也可能采集温度和压力等。以上三种信息再加上一种移动通信技术就构成了物流移动终端最基本的功能，移动终端要解决的问题就是身份识别、位置识别，传感一些必要的信息，然后用无线通信的方式传出去。随着采集的信息越来越多，它的价值将朝着动态和个性化的方向发展，就是说将来物流管理的提升方向是如何让管理控制实时地动起来，以及实现个别化的控制和个别化的管理。未来的物流管理将呈现方向性的变化，实时化和个性化管理是物联网技术的新价值。

第二个层面是数据整合和互联互通层面。这个层面实际上涉及一个云平台的概念，云平台是一种新的公共服务。在以往的信息化建设中我们在信息平台方面投资了很多，但是失败的案例也很多，原因就是至今还没有找到公共信息平台建设的基本规律，甚至在一些基本问题上还没有达成共识，所以在云平台的建设上依然会有很大的盲目性。从物流公共信息平台建设的实践来看，在信息的整合集聚过程中一般会有两个障碍，一个是利益的问题，另一个是技术的问题。利益的问题表现在公共平台怎么才能把别人的数据采集到自己的数据库里来，这实际上是要靠一种有价值的公共服务来交换的，即用你的服务来换取别人信息的出让。这种公共服务是依靠创新的，当别人愿意使用你提供的服务时，你就可以采集到使用服务方的信息。这个过程要进行良性循环，不断加大服务的深度，采集更多的信息，实际上这是一个服务跟管理良性循环的过程，这样循环发展起来的平台就可以解决利益矛盾问题了。第二，技术问题，也就是说从各方面采集来的数据能不能变成一个整合的数据源。这里主要的技术难点在于数据的异构，既来自不同技术基础的信息源，也来自同一种信息源里的不同的数据结构。比如说物流中有流程的作业信息与财务管理的数据，但是这两者在结构上是不匹配的。现在无法对每一个流程中的每一批货的每一个动作或每一个人的成本进行核算，因为财务数据的结构不支持物流流程的结构，这就是我们碰到的数据结构上的问题。解决数据同构的方法不是唯一的，因为同构总是相对的，是从特定需求和角度来定义的。物流中的有些基本要素可以作为同构的基础，例如物品、责任人、时间和空间等。新的技术正在研究之中，其中基于语义的原理建立信息的同构框架值得关注。

解决了这个问题，将使物流管理更加精细、更加动态、更加个性，这些技术问题跟利益问题要同时得到解决，这样平台才能建立起来。在移动互联网技术发展的背景下展望未来的平台，应该提供的将可能是一种标准化的自助型服务，就是用嵌入式的方法把平台的公共服务封装为标准化功能模块，客户可将相应模块嵌入个性化的用户系统中，而不是像现在这样必须上一个平台网站。

第三个层面是应用层面。大数据的处理能力会给我们带来越来越多的新结果、新规律、新模型的提炼机会。同时，也会使更多的理论模型得到数据的验证，使理论模型能够指导实践操作。因为很多过去的理论模型都只有指导意义。比如供需决定价格，这在过去是一个纯理论的原理，实际上无法采集到时间、空间相匹配的供给与需求数据。但是在大数据时代，完全可以定量化地模拟价格的决定机制，使之变成一个可操作的管理模型。所以大数据并不仅会增加数据的数量和提高数据的精度，而且能够使许多过去看来不可为的事情变得可行或可能，开拓出很大的发展空间，这一类数据开发应用更是我们未来的关注方向。智能应用领域还有很多变化，其中最突出的变化之一就是在很多情况下数据开发方法将凸显数据相关性优于因果性。原来对数据的处理比较重视数据的前因后果，但是在大量的数据面前，在快速的处理面前，相关性可能优于因果性，我们可能不知道数据之间有什么联系，但是从相关性里我们可以发现一些新的成果，可以直接加以应用。于是我们的应用可能呈现为一个黑匣子，我们只知道输入什么就会输出什么，而不清楚甚至不关心黑匣子到底是怎么形成的。这成了大数据应用非常重要的一种形式。在物流管理中，我们可能很难准确地把握瞬息万变的环境可能对流程产生的影响，但是有了大数据的基础和快速处理能力，就可以只要求对结果有一定程度的控制，从而实现流程的稳定和优化。物流要处理的问题可以说是千变万化的，但是始终不变的是物流的一些基本问题。其中网络与流程就是两个最基本的问题，网络问题实际上是资源管理问题，重点是布局和调度，要依靠均衡的原理来解决成本问题。流程问题实际上是服务和价值问题，通过协同的原理来创造新的价值。合起来，如何控制成本，如何创造新的价值，就成了物流最重要的两件事情。体现在物流上就是网络管理技术和流程协同技术，这是始终不变的。物流的流程将会提升精细化管理和协同水平，这是智能物流发展过程中的变化及未来的趋势。

最后我讲一下从智慧物流到智慧城市的思考和启发。智慧城市与智慧物流之间有很多共性可以借鉴，比如信息采集、整合、开发这几个环节的技术，对人才的新要求，信息的动态化、个性化方向以及信息安全等，这些问题在大数据时代或者说智慧时代是一些共性问题。但稍微不太一样的是，智慧城市可能将面对更大的挑战。物流领域不规范的监管现在是一个非常大的障碍，表现为极其普遍的乱罚款和乱收费现象，随意的行政处置已经造成极大的物流成本，也破坏了市场的游戏规则。公共管理存在的问题并不是物流领域独有的。在很多情况下此类矛盾很容易用信息化的办法来解决，但是由于种种原因这个问题并没有得到解决，因为这对现有的管理体制是一个挑战。当前我国的城市管理处在较低的水平上，监管不完善、不规范的情况很严重，更重要的是已经形成了利益格局，改革非常困难。我们前面所讲的物流监管就是这样的情况，不是不能管，不是没有技术，而是因为会牵涉到某些人的利益，协调不过来。

大数据使社会越来越透明，这种透明会直接挑战现存的公共管理体制。过去依赖信息不对称形成的话语权将越来越弱化，可能的趋势是谁有数据谁就有发言权，话语权将直接影响管理权、决策权，可以预见，信息化将对公共管理的秩序产生很大的冲击。所以智慧城市的进展，可能会受制于城市公共管理的现有模式的变革，智慧城市的关键是城市管理体制在信息化基础上的现代化。如果只把智慧城市理解为丰富多彩的便民服务，则是对信息化进程的风险和规律缺乏充分的认识的表现。

我们处在一个网络经济时代，相对应的是网络社会的形成。什么是网络社会的本质？从物流领域来看，信息化改变了物流的资源整合方式，同时也促进了社会分工。例如物流要用到车、库和其他各种资源，但并不需要拥有这些资产，只要可以使用就行了，只要知道这些资源是不是空闲、在什么位置、什么价格就行了。社会出现了越来越多依靠信息技术来整合社会资源的网络，使资源的利用更充分、管理更专业、成本也更低。同时，我们也会看到在一个物流流程里，分工越来越细，合作也越来越紧密。比如制造企业，它可以把物流需求整体外包给物流企业，物流企业形成方案以后，可以把运输部分的作业外包给运输公司，运输公司也可以不拥有自己的车，可以整合外部的车辆，开这些车的司机可能也不自己买车，而是租赁租车公司的车，所以整个链条里的分工越来越细致，合作也越来越紧密。这种局面背后的原理，是信息化降低了社会交易成本，促进了社会的专业化分工与合作，信息化网络可以支撑经济网络化、社会关系网络化。

从经验角度来看，网络经济将改变传统的产业发展格局，过去那种垂直的产业集中模式会变成扁平化、分布式的。小企业大市场的成功将很普遍，企业发展将沿着专业化和社会合作两个方向形成竞争力，同时市场竞争关系会变成竞合关系，越来越多的协同经济体形成，多元利益主体存在的格局必将出现。

从社会角度来看，网络社会也需要形成新的治理结构，原来那种自上而下的高度统一的管理体制会不适应，而分布式、协同、社会自治这样一些要素、文化、趋势可能会越来越受欢迎。将来我们到底怎样管理城市，这是智慧城市面临的一个新挑战，应该在进行智慧城市建设的顶层设计时就进行充分的研讨和部署。

云计算与城市模拟

梁　军[*]

很高兴有机会参加智慧城市建设高层论坛暨中国社会科学院城市信息集成与动态模拟实验室发展座谈会，实验室的成立对我们从事国产自主创新 GIS 软件平台研发和应用推广的企业来讲，是一件非常好的事。在智慧城市的建设中，我们将会有很多与实验室合作的机会，尤其是在城市数学模型的研究与开发方面。这方面不是我们所擅长的，双方合作可以实现优势互补。前几年我们主要参与数字城市的建设，这几年开始接触智慧城市，在参与智慧城市建设的过程中，我们有一些困惑：到底智慧城市和数字城市有什么区别？怎么理解"智慧"这个概念？所以我想谈一些自己不太成熟的看法，敬请指正。

现在是一个大数据时代，我们谈智慧城市，可以利用百度的

---

　*　梁军，北京超图软件股份有限公司副总经理，高级工程师。

用户关注度指数搜一搜"智慧城市"这个词的热度，我们发现智慧城市这个概念在 2011 年底备受关注，逐步超过了数字城市。有很多新概念来自西方，从 1998 年戈尔提出的"数字地球"（Digital Earth），到 2008 年 IBM 的彭明盛提出的"智慧地球"（Smarter Planet），不一而足，这些概念可追溯到西方文化传统中的"水晶球之梦"。西方的巫师通过水晶球理解过去、感知现在、预测未来，"数字地球"和"智慧地球"是水晶球的升级版，是用信息技术替代巫术的结果。智慧地球将物联网技术与"数字地球"相结合，提高了感知能力，云计算的引入则提高了计算能力，以圆西方人的"水晶球之梦"。"Smart"实际上是聪明的意思，即耳聪目明，这就是一个感知能力的问题，通常用"Smart"（聪明）来形容小孩，用"Wisdom"（智慧）来形容老人，而不能倒过来。国内将"Smart"译为"智慧"有一点超前了，但智慧城市确实是城市的发展方向。从"数字地球"到"智慧地球"是技术发展的结果，是从互联网向物联网发展的结果。它对人类的影响是什么？我们认为：第一是理解过去，第二是感知现在，第三是预测未来。

毕达哥拉斯认为"万物皆为数"，可以用数来表达现实世界，数字化是理解过去、感知现在和预测未来的基础。微软研究院的巴特勒是施乐帕克研究中心曾经的负责人，他在计算机的发展历史中发挥了重要的作用，他指出，计算机的作用可以用三个词来表达：建模、联结和参与。这三个词凝练了计算机的核心作用。"建模"使"万物皆为数"成为可能，通过建模可以将事物和现象用数字表示。建模有两种类型：一是数字建模，就是用数据来建模；二是数学建模，即利用数学模型模拟和预测一些东西。"联结"则是将计算机连接形成巨大的网络，通过网络传递消息，对社会进行调节和控制。"参与"则体现在将各种智能设备嵌入现实世界的各种事物中，感知事物的变化状态，对事物的状态进行调节与控制。智慧城市就是计算机及各种嵌入式智能设备发挥建模、联结和参与作用的结果。

数字建模是一切的基础，一张财务账单和一份原子弹的设计书在本质上没有什么区别，都是数字（或数据）模型。按照面向对象的技术与建模方法，任何事物都是对象或实体。对象或实体的概念最早应该源自哲学，是对现实世界的抽象与认知。现实世界由对象及对象间的关系构成，对象具有行为和属性，属性是对象的状态，对象的变化通过行为改变属性（状态）来实现。世界的变化是由事件触发消息，消息调用对象的外部行为接口，然后由行为改变对象的属性来实现的。如人与人之间的交流与互动通常通过语言进行，语言传递消息，消息中包含数据甚至指令（命令），通过"口"和"耳"这两类接口相传。事件是由对象行为或属性变化引起的，对象的属性和行为及对象间的关系基于一定规则，这种规则可以用数学模型表达。可基于面向对象的建模方法，对现实世界进行数字（或数据）建模，而现实世界是在时间与地理空间框架下运行的，对现实世界的建模应该基于时间和地理空间的框架。例如，物流是一个时空过程，智慧物流需要基于时空框架，这也是智慧城市建设强调地理信息系统重要性的原因所在。对象、接口、事件和消息是对现实世界动态建模的基础，可以预见智慧城市中消息总线（Message Bus）和软件接口的发展，智慧城市中的万事万物通过智能嵌入设备，拥有软件接口（Web API 或 Web Service），并接入消息总线或企业服务总线（ESB），形成复杂的对象关系网络和消息流网络，发挥着城市的中枢神经系统作用，使城市智能化。

从数字时代进入智慧时代，更重要的是规则或规律，需要从数字建模（数据或信息建模）向数学建模（知识建模）发展，从知其然，到知其所以然。从数据的时间域这个角度分析，数字城市的信息来源主要是人机数据交互，数据采集的过程有时间的滞后性。随着物联网和传感器的发展，数据的时间滞后减少了，这个阶段是"Smarter"的感知城市阶段。在这个阶段，我们积累了大量数据，需要对数据进行挖掘，发现已有数据反映的规律。从感知城市到智慧城市阶段，会对已有的和实时采集的数据进行建模和实时分析，对数据进行外推和预测，即预测未来，提高对未来的可控性。从数据的时间域角度来看，智慧城市更强调数据的预测性，数据要能预测未来，而实现这一目标需要一个漫长的过程。

物联网是智慧城市最重要的组成部分,它增强了信息获取或者感知的能力。物联网今后的发展趋势将是增强人类的控制能力,从物联网发展的技术路线图中可以看到这种趋势。物联网最早从供应链助手即物流的层面应用开始,向监测、安全、健康、交通等垂直市场发展;并进一步达到泛在定位,可以实现人与日常对象的定位;再进一步实现远程操作和远程信息再现,对远程对象进行监测和控制;最终将实现软件智能代理与传感器的融合,万事万物皆智能可控。互联网是人与人之间的联网,体现人与人的联结;物联网在事物上嵌入智能芯片,并通过软件接口与网络连接,可以发现所有对象通过接口打交道。通过接口传递消息,API无所不在,使现实物体可标识、可感知和可控制,物联网的发展进一步增强了计算机的"参与"能力。

除了物联网,云计算也将在智慧城市中发挥重要作用。云计算可以理解为信息世界的城市化。在传统的信息化模式中,每个单位都自己购买服务器、自己建设机房,相当于形成了一个个独立的信息世界的"小村落"。随着云计算的发展,这些"小村落"合并成一个"大都市",共享和共用基础设施。云计算带来了计算资源的规模化、集约化、公共化和共享化,核心就是信息世界的基础设施化,以适应智慧城市对计算能力的需求。移动计算的发展,使人们可以随身携带各种智能装置,使计算无所不在，并共享云端的计算资源。我们将构建由信息世界和现实世界构成的二元城市，两者之间是通过物联网和互联网建立联系的。现实世界的对象（包括人本身）通过数字建模的形式映射到信息世界，对象是可标识和可虚拟表达的。在数字建模的基础上，我们可以通过数学建模进一步对城市进行模拟和预测，对城市进行智能调控，这也许是智慧城市的智慧所在。

现在智慧城市这个概念非常热，不同的人可以从不同的角度和不同的层面解释和理解智慧城市，对智慧城市的理解和认识不可避免地存在"瞎子摸象"的现象。因此需要从城市系统的整体来认识智慧城市，智慧城市的建设需要顶层设计。城市系统是由政府、企业和公众三大主体以及城市的地理环境（包括资源环境与基础设施）构成的，是典型的人地关系系统。城市系统可以用天鹅模型来比喻，政府是天鹅的头，管理城市并决定城市的发展方向；地理环境（或者说资源环境和基础设施）是天鹅的身子，为城市的发展提供支撑；经济和社会是天鹅的两只翅膀，城市的经济与社会需要平衡发展。智慧城市应该包括城市地理环境的智能化、智慧政务、智慧经济和智慧生活，城市地理环境从数字化向智能化发展，核心是物联网的嵌入，从而实现对地理环境的智能化调控；政府的信息化从电子政务向智慧政务发展，对知识的应用提出了更高的要求；智慧城市的发展不仅带动了智慧生活的发展，而且还将带动智慧经济的发展，推动经济发展的智能化。如 3D 打印机的应用、个性化定制等，将带来经济发展模式的变革，同时也将改变城市地理环境、政府、企业和公众之间的互动与协同模式，如基于 Web API 的协同。智慧城市从本质上看是在信息系统（信息世界）的支持下，人类基于认知模型感知、理解和调控目标系统的过程，信息世界将发展成一个云计算与大数据环境，物联网将从基于传感器的信息感知向基于控制器的信息调控方向发展。在信息世界中，人类社会的智能由个体智能发展为群体智能，信息世界与人类的周边环境逐步智能化，如同凯文·凯利的《科技要什么》一书所说的，"这是一个生命的初始阶段，我们的环境会慢慢地有生命"。

对智慧城市的理解涉及"智慧"这个概念，数据—信息—知识—智慧（DIKW）金字塔有助于理解数据、信息、知识与智慧的关系。从计算机的视角来看，数据是现实世界状态的量化或数字化的结果，涉及属性的编码；信息是数据的结构化或数字模型化的过程，形成数据模型；知识是在信息的基础上，规则化或数学模型化的产物，智慧实际上是一个知识应用的过程。从数据、信息到知识的过程是数据驱动的过程，主要基于数据库；而从知识到智慧是一个模型驱动的过程，基于知识库和数据库。所以智慧城市的"智慧"最终体现为模型驱动。中国社会科学院建立城市信息集成与动态模拟实验室，从城市信息整合与集成、动态模拟方面开展研究，可望为我国智慧城市的建设提供理论支撑。

　　从数字城市开始，我们已经探讨开发了基于地理空间框架的城市信息整合与集成模式。随着智慧城市的发展，我们将面临动态的时空信息的挑战，国家测绘地理信息局在数字城市地理空间框架的基础上进一步提出了建设智慧城市时空信息云平台的计划。时空信息平台将会支持智慧城市的地理建模、地理设计、地理监测和地理控制，从而使城市的目标达到最优。

　　城市智慧是一个持续进化的过程，从人类社会的个体智慧到群体智慧，从机器的个体智能到群体智能，从人机交互的个体智能到群体智能，城市的智慧将是人的个体与群体智慧、机器的个体与群体智能及人机交互的个体与群体智能通过网络（互联网和物联网）相互作用形成的一种复杂的智慧形式，智慧城市的建设将使城市具有生命特征。

　　城市智慧化的突破口，应该在什么地方呢？应该是政府的决策层，因为决策层的人员是最少的，但是他们所拥有的信息量最多，对城市的影响也最大。从决策层着手可以实现城市智慧化的顶层驱动和顶层设计。

　　面向决策层的城市智慧化可以从城市的动态建模着手，随着技术与应用的深入，在空间维度上由宏观到微观，在时间维度上从静态到动态，对城市的建模从点（区位）、线（交通网络）、面（功能分区、土地利用）向体（建筑物）和多维空间（多属性融合）延伸，形成城市多层面动态模拟模型，为城市决策服务。这些模型可以从规划着手，如 2011 年广州开始在全市推广"三规合一"举措，即对国民经济与社会发展规划、城市总体规划和土地利用规划进行协调和统一，实现基于地理空间网格化的数据集成。这些基于地理空间网格化融合后的规划数据可以利用模型进行模拟与预测，分析其可行性。随着地理国情监测的发展，我们不仅可以对规划的可行性进行模拟，而且还可以对规划的实施情况和效果进行动态跟踪和预测评价，对规划实施过程进行动态控制，最终实现地理建模、地理设计、地理监测和地理控制一体化和智能化。

城市智慧化存在快思考和慢思考的模式。在智慧城市的运行环境中需要快思考，通过知识记忆和快速检索，实现快速的应用。但是对城市的发展与创新需要慢思考，需要对城市进行深入的研究，这是城市动态模拟需要做的，需要专家级的人机交互。在智慧城市建设过程中，存在 IT 厂商的服务转型问题，要从注重建设向提供持续服务转型。同时也存在科学研究的服务转型问题，因为智慧城市更强调知识的应用。科研机构可以将城市变成长期实验室，为城市提供慢思考服务。我们在为朝阳区提供信息化服务的过程中就遇到了类似的问题，用户不仅需要与信息化相关的技术服务，而且需要相关的知识服务，如确定公共设施的分布是否合理，如何进行优化等。这方面需要 IT 厂商与相关的研究机构合作，在提供 IT 服务的同时，进一步提供慢思考式的知识服务。对于智慧城市的建设，也许需要一种中医式和众包式的知识服务，为城市的发展把脉，在网络环境下构建基于云的城市的模拟机，对城市的发展进行动态模拟，为城市提供相关的知识服务，从而实现城市科学研究的服务转型。这种服务转型有利于发展智慧城市的外脑模式，通过外部专家群体，为智慧城市提供更优质的知识服务。我们希望在这方面与中国社会科学院城市信息集成与动态模拟实验室开展持久而深入的合作。

智慧城市的总体框架与规划建设进展

党安荣* 　张丹明　许　剑　佟　彪

随着信息技术、网络技术和通信技术的飞速发展，人类社会已经步入信息时代，并正在悄然走向智慧时代。20世纪末到21世纪初所发展的"数字地球"和"数字城市"，已经逐步被"智慧地球"和"智慧城市"所取代，这不仅直接推动经济社会的进步与发展，而且影响人们的日常生活与行为模式，人们不仅可以在赋有"智慧"的数字化的环境中工作、学习、游览、体验等，而且可以借助于赋有"智慧"的信息技术进行精细化管理、决策支持以及为可持续发展服务。本文主要解读智慧城市的内涵，探讨智慧城市的总体框架，并展示我国智慧城市的示范建设。

---

* 党安荣，1964年1月生，陕西佳县人，现任清华大学教授、博士生导师。主要从事遥感技术与地理信息系统在人居环境、区域规划、城乡规划领域的研究工作。

一　智慧城市的基本内涵

（一）智慧地球的提出

2008 年 11 月 6 日，IBM 总裁兼首席执行官彭明盛先生在纽约市外交关系委员会做了一次重要的演讲，题目是"智慧地球：下一个主导议程"（A Smarter Planet：The Next Leadership Agenda）。彭明盛所提出的"智慧地球"勾勒出世界智慧运转的三个重要维度：第一，我们需要更透彻地感知和度量客观世界及其变化；第二，我们的世界正在更加全面地互联互通；第三，在此基础上所有的事物、流程、运行方式都将更加智能化。

与数字地球相比，"智慧地球"具有 3 个方面的突出特征：一是更透彻的感知，就是通过构建分布广泛的传感器及传感网，去感知自然界及人类社会的方方面面；二是更全面的互联互通，就是借助于物联网和新一代互联网，使人与人之间、人与物之间、物与物之间全面互联；三是更深入的智能化，就是借助于云计算及智能化技术，使我们的生活充满智慧。可以认为，"智慧地球"的建设目标是让整个世界更加智能化，涉及个人、组织、政府、自然和社会之间的高效互动，为人类社会提供更好的发展契机。

（二）智慧城市的概念

智慧城市（Smart City）是数字城市（Digital City）发展的新阶段，是被赋予智慧的数字城市。彭明盛认为，智能技术正在应用于生活的各个方面，如智慧交通、智慧电力、智慧医疗、智慧基础设施等，并共同构成智慧城市。在智慧地球的概念框架下，智慧城市被认为是以物联网和云计算为重要基础，赋予各类物品感知功能，使各类物品产生"智慧"、为人所用，并依托于互联网、电信网、电视网、无线宽带网等多网组合，实现更全面的物与物、物与人、人与人的互联互通和相互感知，能实现更有效的数据整合、更好的业务协同和更强的创新发展能力的城市。

当然，目前人们对于智慧城市概念的理解还不一致，上述关于智慧城市的表述可谓是狭义的智慧城市概念，或者说是从城市信息化的视角来理解智慧城市。与此有别的另一种智慧城市概念是广义的智慧城市，是指以"发展更科学、管理更高效、社会更和谐、生活更美好"为目标的城市发展新模式，是以"自上而下、组织完善、结构强健、运行安全"的信息网络体系为基础，以"功能齐全、精细管理、个性服务、支持决策"的智慧应用体系为核心，整个城市具有比较完善的感知、认知、学习、发展、创新、决策能力和行为意识的一种全新的城市发展状态。

据报道，我国从 2009 年开始由科技部开展智慧城市试点工作以来，住建部、工信部、发改委、标准委等先后开展了与智慧城市建设相关的试点示范工作。2013 年，仅住建部就公布了两批 193 个智慧城市示范点（包括市、区、县、镇等）。据不完全统计，已经有近 300 个城市开展了智慧城市规划工作，提出了智慧城市建设目标或行动方案，涵盖城市经营与管理、城市生产与生活的各个方面。可以看出，科技部的示范更关注城市的信息化，与狭义的智慧城市关系更密切；而住建部的示范更关注城市规划建设管理的全面发展，更偏向于广义的智慧城市。

二　智慧城市的总体框架

基于上述智慧城市的内涵，可从信息化的视角拟定智慧城市的总体框架，如图 1 所示，该框架可以概括为信息感知与传输平台、信息管理与计算平台、资源共享与服务平台、经营管理与服务系统、决策支持与服务系统以及综合运维与保障体系六个组成部分。下面分别予以说明。

（一）智慧城市信息感知与传输平台

信息感知与传输平台主要包括信息感知设施与信息传输设施两个部分。信息感知设施是指位于城市信息化体系前端的信息采集设施与技术，如遥感技术、射频识别技术（RFID）、GNSS 终端、传感器以及摄像头视频采集终端等信息采集技术与设备。信息传输设施主要是指有线及无线网络传输设施,包括通信光纤网络、3G/4G 无线通信网络、重点区域的 WLAN 网络、微型传感网等,以及相关的服务器、网络终端设备等,简而言之就是构建泛在的城市物联网。

(二)智慧城市信息管理与计算平台

信息管理与计算平台主要包括数据集成管理与信息计算服务两个方面。数据集成管理主要是借助于数据仓库技术,分类管理组成智慧城市的数据库系统,涉及基础地理数据库、资源环境数据库、社会经济数据库、人口数据库、法人数据库、城乡规划管理数据库、遥感影像数据库、视频资料库以及面向应用的主题数据库。在数据管理的基础上,借助云计算技术,通过资源共享与服务平台为智慧城市经营管理与服务系统及决策支持与服务系统提供数据信息与计算服务。

(三)智慧城市资源共享与服务平台

智慧城市的资源共享与服务平台是基于 SOA 和云计算的共享服务中心,平台集成遥感技术(RS)、地理信息系统(GIS)、全球导航卫星系统(GNSS)、虚拟现实技术(VR),面向智慧城市的经营管理与服务系统及决策支持与服务系统提供技术分析、软件服务、平台服务、设施服务等资源服务，可以完成整个城市的资源管理、流程管理、应用请求响应和应用服务提供等任务。

（四）智慧城市经营管理与服务系统

智慧城市经营管理与服务系统包括智慧政务、智慧商务、智慧社区、智慧服务四个方面。智慧政务是电子政务的进一步发展，主要涵盖政务管理信息化及城市经营网络化，涉及城市资源管理、规划管理、环境保护、旅游经营等各种职能；类似的，智慧商务是电子商务的智能化发展，主要实现企业生产管理的信息化及商业活动的网络化；而智慧社区是数字社区的进一步深化，实现市民日常生活的信息化与行为决策的网络化；智慧服务则是面向广大民众开展的智能化服务，涉及科普教育的信息化、日常生活的智能化以及信息获取的网络化。

（五）智慧城市决策支持与服务系统

无论是政府还是企业，都存在综合决策的问题，需要科学的决策支持服务。智慧城市决策支持与服务系统，主要是在上述四个城市经营管理与服务系统的基础上，结合专家知识、数据挖掘、知识发现、情景分析、决策模型等，对城市经营管理中的重大事件进行综合决策，为综合决策提供技术和信息支撑，满足智慧城市的智能化经营管理需求，实现城市的可持续发展。

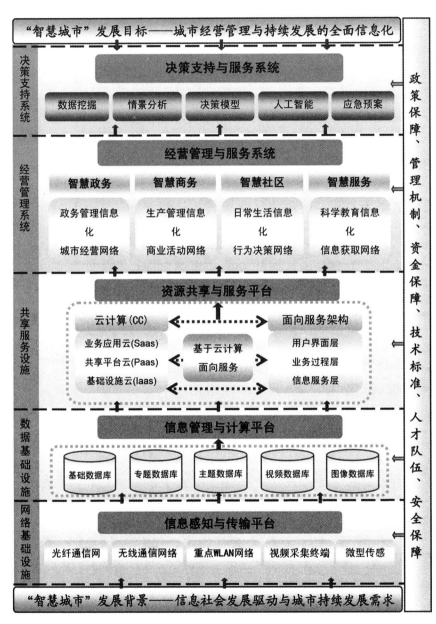

图 1　智慧城市建设总体框架

（六）智慧城市综合运维与保障体系

　　智慧城市的规划建设是一项涉及城市经营管理的各个方面以及广大市民的系统工程，是城市信息化发展中的长期任务，不可能一蹴而就。为确保智慧城市规划建设的有序开展，应当在相关政策、运行机制、资金投入、技术支撑、人才培养、安全防范六个方面予以保障，建立与健全智慧城市规划建设的运维与保障体系，为城市管理与服务的信息化保驾护航。

三　智慧城市的试点示范

（一）科学技术部的智慧城市试点

　　科学技术部于 2009 年启动了智慧城市的相关调研和立项工作，并将武汉和深圳作为全国智慧城市的建设试点。据报道，武汉智慧城市建设计划用 3～5 年时间，实施八项智慧应用体系，发展七个支撑性智慧产业，以促进经济发展方式的转变，实现城市管理方式和发展模式的突破，建成高度信息化、全面网络化的智能互联武汉，使武汉智慧城市建设的整体水平跻身全国先进行列。八项智慧应用体系包括智慧低碳环保经济体系、智慧商业服务体系、智慧城市管理体系、智慧交通体系、智慧环境监控体系、智慧食品安全溯源体系、智慧生活服务体系和智慧文化教育体系。2011 年 2 月，武汉市在政府采购网发布招标信息，计划出资 1000 万元面向全球公开招标智慧城市的顶层设计。

智慧深圳建设就是要构建城市发展的智慧环境，形成基于海量信息和智能过滤处理的新的生活、产业发展、社会管理等模式，面向未来构建全新的城市形态。建设的具体措施包括：建设电子商务支撑体系，深入普及电子商务应用；制定信息通信技术（ICT）产业发展规划和应用推进计划；支持推广应用企业信息化示范项目；大力推进光纤接入网、下一代互联网建设等。特别是深圳以智能卡综合应用为基础，建立面向全市的统一政府社会管理服务体系和具有现代服务特征的电子商务服务体系，将公用事业系统、社会保障系统和金融支付系统等各行业融合互通，提升深圳的整体信息化应用水平，实现社会公共领域的智能卡综合应用和信息资源共享。

2013 年 9 月，科学技术部和国家标准委下发通知，将在南京等 20 座城市开展智慧城市的试点示范工作。科学技术部和国家标准委将组织云计算、物联网、移动互联网等国家科技计划项目与各试点城市对接，开展为期 3 年的试点示范工作。试点城市的成果将凝聚成我国智慧城市的技术与标准体系，并向全国其他城市推广应用。

（二）住房城乡建设部的智慧城市试点

2012 年 12 月，住房城乡建设部发布了《国家智慧城市试点暂行管理办法》和《国家智慧城市（区、镇）试点指标体系（试行）》，召开了国家智慧城市试点工作会议，在全国正式启动智慧城市试点工作。国家智慧城市的试点范围为设市城市、区和镇，形成智慧城市、智慧城区和智慧城镇三种类型的示范。住房城乡建设部成立智慧城市创建工作领导小组，全面负责组织实施工作；组建国家智慧城市专家委员会，负责试点评审、智慧城市创建的技术指导和验收评定工作；在住建部的支持下，成立以中国城市科学研究会为理事长单位，相关企业参与的"国家智慧城市产业技术创新联盟"，为智慧城市建设提供技术、资本、运营等支撑。所制定的《国家智慧城市（区、镇）试点指标体系（试行）》包括保障体系与基础设施、智慧建设与宜居、智慧产业与经济和智慧管理与服务 4 类一级指标、11 类二级指标和 57 类三级指标。

2013 年 1 月和 8 月，住房城乡建设部先后公布两批国家智慧城市试点名单，受到社会各界的普遍关注。列入试点名单的城镇共有 193 个，其中省会城市和地级市 76 个，城区、县级市及县75 个，新区 34 个，镇 8 个，如北京市房山区长阳镇、天津市武清区、内蒙古自治区呼伦贝尔市、黑龙江省齐齐哈尔市、山东省烟台市、河南省许昌市、江苏省徐州市丰县、安徽省黄山市、浙江省宁波市、江西省新余市、湖北省宜昌市、广西壮族自治区南宁市、贵州省贵阳市、四川省绵阳市、西藏自治区拉萨市、陕西省延安市、新疆回族自治区伊宁市等，分布较为广泛和均衡。试点工作分为立项、创建和验收3个阶段。经过3~5年的创建，住房城乡建设部将组织进行验收评估。两批试点名单公布的时间间隔仅有半年多，可以看出住房城乡建设部推进智慧城市试点工作的决心。

住房城乡建设部智慧城市试点工作的整体思路是从解决城市实际问题入手，通过综合应用现代科学技术，智慧地规划和管理城市，智慧地配置城市资源，优化城市宜居环境，提升城市文化的传承和创新，增强市民的幸福感和城市的可持续发展能力，实现城市规划、建设、运行、管理和服务各方面的均衡发展，实现数字城市向智慧城市的跃进。试点工作具有一城一策智慧发展、人为核心质量关键、产城相融互促共进、多元资金优配资源几大特色。目前，住房城乡建设部通过加强组织领导与管理、强化顶层设计分类指导、注重支撑体系建设、注重风险控制保障信息安全、及时总结和推广试点典型经验等举措，正积极稳妥地推进各项试点工作。

（三）其他部委的智慧城市试点

2012年底，国家测绘地理信息局启动"智慧城市时空信息云平台"试点，将以二维为主的城市地理空间框架信息服务升级为基于云计算的三维地理信息服务和四维时空信息服务，增强多精度的位置服务，并与物联网对接。计划从 2013 年开始在全国范围内组织开展时空信息云平台建设试点工作，每年选择 10 个左右的城市进行试点，每个试点项目的建设周期为 2～3 年，总投入不低于 3600 万元。试点城市的居民有望获得智能家居、路网监控、智能医疗等方面的便捷服务。

2013 年初，国家测绘地理信息局出台《智慧城市时空信息云平台建设技术指南》，正式部署智慧城市时空信息云平台的建设及试点工作。已有太原、广州、徐州、临沂、郑州、重庆、武汉等 10 个城市被列入智慧城市时空信息云平台建设的试点计划，目前试点工作正在落实，有的城市已经正式启动。智慧城市时空信息云平台建设试点将与国家其他有关部委开展的智慧城市建设试点工作有机结合，有力推动我国智慧城市建设的健康发展。

2013 年 2 月，国家发展改革委、工业和信息化部等在南京召开促进我国智慧城市健康有序发展的指导意见研讨会。在此基础上，国家发展改革委、工业和信息化部、科技部、公安部、财政部、国土资源部、住房城乡建设部、交通运输部八大部委研究起草了《关于促进智慧城市健康发展的指导意见（草案）》，明确提出我国智慧城市的发展思路、建设原则、主要目标以及信息安全保障等要求。该意见已于 2013 年 7 月报送国务院，可以期待的是，该意见的发布将对统一思想、凝聚共识、汇聚力量、科学地引导智慧城市建设起到重要作用。

2013 年 2 月，工业和信息化部、浙江省人民政府、国家标准委等签署了智慧城市建设示范试点项目的合作协议，各部门将组织开展智慧环境、智慧水务、智慧健康、智慧旅游、电动汽车、智慧电网 6 个示范试点项目。2013 年 11 月，国家发展改革委、工业和信息化部联合主办了中欧城镇化伙伴关系论坛，中欧双方围绕智能、可持续城市发展的主题，确定各自的 15 个试点城市，共同作为中欧智慧城市合作试点城市。

四 智慧城市的规划建设

(一) 智慧北京的规划发展

据北京市经济和信息化委员会的消息，"十一五"期间，北京启动了无线物联数据专网建设，出台了"感知北京"物联网示范工程建设指导意见，建成物联网工程中心，完成全市应急和城市运行安全物联网应用总体方案。经过"十一五"的信息化建设，"数字北京"的目标基本实现。"十二五"期间，北京重点围绕城市智能运转、企业智能运营、生活智能便捷、政府智能服务等若干方面，全面启动智慧城市的建设工程，计划投资

1000 亿元建设城市高速信息网络，并将实现高清交互数字电视网络升级改造，建成国内最好的"三网融合"信息网络。"十二五"期间，北京计划加快云计算、物联网等产业的规模化运作，培育 10 家具有国际影响力、营业收入超过 100 亿元的世界级信息企业。

2012 年 3 月，北京市经济和信息化委员会发布了《智慧北京行动纲要》，其建设目标是：实施"智慧北京"八大行动计划，建成泛在、融合、智能、可信的信息基础设施，基本实现人口精准管理、交通智能监管、资源科学调配、安全切实保障的城市运行管理体系，基本建成覆盖城乡居民、伴随市民一生的集成化、个性化、人性化的数字生活环境，基本普及信息化与工业化深度融合、信息技术引领企业创新变革的新型企业运营模式，全面构建以市民需求为中心、高效运行的政府整合服务体系，形成信息化与城市经济社会各方面深度融合的发展态势，信息化整体发展达到世界一流水平，从"数字北京"向"智慧北京"全面跃升。

"智慧北京"八大行动计划包括：城市智能运行、市民数字生活、企业网络运营、政府整合服务、信息基础设施提升、智慧共用平台建设、应用与产业和发展环境创新。对应的试点示范工程包括：①以居住证为载体建立全市联网、部门联动的实有人口信息系统；②推广车辆智能终端、不停车收费系统（ETC）、"电子绿标"等智能化应用；③推广智能电表、智能水表、智能燃气表和供热计量器具，形成智能的电力、水资源和燃气控制网络；④建设城市安全视频监控网络；⑤推广"市民卡"（包括社保卡和实名交通卡等），使市民能持卡享受医疗、就业、养老、消费支付等社会服务；⑥推动"三网融合"，建设城乡一体的高性能光纤网络，实现光纤到企入户，覆盖全市各社区（村）；⑦推广电子商务应用；⑧提高首都之窗网站群、政务服务中心、政府服务热线等多渠道、多层级联动集成服务能力；⑨建设全市统一的传感终端网络、政务物联数据专网、无线宽带专网及物联网安全保障体系；⑩推动建设一批"智慧北京"体验中心、示范社区（村）、示范企业和示范园区等。

2014 年，北京市的五号文件明确提出建设政务云、教育云、健康云等，明确北京市将加强集约化建设，尽可能地取消各个部门的计算中心的小机房，对大的机房进行逐步整合，目的是解决云计算的问题，推动云计算发展。早在 2010 年，北京市就发布了《北京"祥云工程"行动计划》，其中提出到 2015 年，北京市要在云计算的三类典型服务——基础设施服务、平台服务及软件服务中形成 500 亿元的产业规模，由此带动云计算产业链形成2000 亿元的产值，从而使北京市成为世界级的云计算产业基地。2013 年，北京市按照工信部云试点的要求，组织四个区县与市一级进行了云平台建设试点，获得了优秀奖。云平台是智慧北京建设的重要基础设施。

（二）智慧上海的规划发展

"十二五"期间上海发展的一大特色和优势就在于智慧城市建设。2010 年 11 月 9 日通过的《上海市国民经济和社会发展第十二个五年规划的建议》中，提出"大力实施信息化领域领先发展和带动战略，加快建设智慧城市"。2011 年 9 月 7 日，上海市推进智慧城市建设动员大会在上海展览中心召开，会上发布了《上海市推进智慧城市建设 2011～2013 年行动计划》，指出新一代信息技术产业成为智慧城市发展的有力支撑，上海将重点实施云计算、物联网、TD－LTE、高端软件、集成电路、下一代网络、车联网、信息服务 8 个专项。计划到 2013 年，上海智慧城市建设要基本形成基础设施能级跃升、示范带动效应突出、重点应用效能明显、关键技术取得突破、相关产业国际可比、信息安全总体可控的局面，为全面实现上海信息化整体水平继续保持国内领先、迈入国际先进行列的"十二五"规划目标奠定坚实的基础。

据报道，2013 年上海市以实际行动加快建设智慧城市，光纤到户覆盖新增 123 万户，下一代广播电视网络覆盖新增 126 万户，公共信用信息服务平台开通试运行。目前，上海 800 多万宽带用户里已经有 700 多万用户接入光纤，城镇化地区已经全面实现了光纤到户，基于三大标准的第三代移动通信网络覆盖全市，以 WLAN 为主的无线局域网已建成 18000 个场点，有 14 万个 AP。在主要公共场所，上海市民可以获得每天累计两小时的免费上网服务，这在全世界都是少有的，其建设主要由运营商承担或者由政府扶持电信企业来推动。2013 年 12 月 31 日晚，在黄浦江边正式拉开了"2014 上海智慧旅游年"的序幕，并推出与智慧旅游相关的应用平台，诸如"乐游上海"官方微博、微信、上海旅游网（962020 旅游服务热线）、iTravels 手机导游系列服务平台、"聚·上海"旅游服务平台等，通过智慧旅游助推智慧上海应用服务。

据上海市人民政府网的消息，其 2014 年的政府工作报告明确提出，2014 年上海市将全面推进智慧城市建设，推动信息化与工业化深度融合，促进物联网、云计算、大数据等广泛应用，建设智慧园区、智慧商圈、智慧社区、智慧新城，让更多市民享受信息化的方便与快捷。根据该计划，上海将制定实施新一轮智慧城市建设三年行动方案，继续推进宽带城市、无线城市建设，力争第四代移动通信网络基本覆盖中心城区，确保网络和信息安全；优化发展现代物流，促进传统商业与电子商务融合发展；加强科技创新，全面推进智慧上海的建设进程。

（三）智慧宁波的规划发展

2010 年 9 月，宁波市在智慧城市建设工作会议上部署"智慧宁波"的规划建设，明确宁波智慧城市的建设目标分两个阶段。第一阶段，到 2015 年，建成一批成熟的智慧应用体系，形成一批上规模的智慧产业基地，取得显著成效；第二阶段，到 2020 年，将宁波建设成为智慧应用水平领先、智慧产业集群发展、智慧基础设施完善、具有国际港口城市特色的智慧城市。同时确定了建设智慧城市的四项主要任务，包括应用体系、产业发展、城市基础设施和信息资源四个方面，并提出十大应用体系、六大智慧产业基地、三大支撑体系、六大机制推进。十大应用体系包括：智慧物流、智慧制造、智慧贸易、智慧能源、智慧公共服务、智慧社会管理、智慧交通、智慧健康保障、智慧安居服务、智慧文化服务。六大基地分别为：网络数据基地、软件研发推广产业基地、智慧装备和产品研发与制造基地、智慧服务业示范推广基地、智慧农业示范推广基地、智慧企业总部基地。三大支撑体系分别是：人才支撑体系、标准法规支撑体系和政策支撑体系。六大推进机制包括：决策咨询、协调监管、规划计划、评估考核、开放合作、宣传培训。

2011 年 4 月宁波市出台了《加快创建智慧城市行动纲要（2011~2015 年）》，安排了智慧城市实施路线图、计划书和时间表。未来 5 年，宁波智慧城市建设共包括 31 项工程、87 个项目，总投资超过 400 亿元。其中，2011 年的投资额接近 50 亿元，从应用体系、产业基地、基础设施、居民信息应用能力和发展环境

5 个体系全面展开智慧城市建设。随后制定了《2012 年宁波市加快创建智慧城市行动计划》，全市斥资逾 50 亿元推进信息网络基础工程、政府云计算中心、基础信息共享工程、智慧应用工程等30 个智慧城市建设重大项目及 19 个智慧产业重大项目建设；着力智慧基础设施建设和基础资源的整合共享、提高智慧应用水平、培育智慧产业、优化智慧城市发展环境四个方面。为了展现智慧城市的阶段性建设成果，宁波市建立了智慧城市建设成果常年展厅，首批展示内容包括宁波先行试点的智慧物流体系、智慧健康保障体系建设项目以及智慧信用宁波系统等 32 个项目。

2014 年 4 月 10 日，宁波市智慧城市建设试点工作领导小组会议审议并原则通过《2014 年宁波市加快创建智慧城市行动计划》（以下简称《行动计划》）。《行动计划》提出，2014 年宁波市智慧城市建设的主要目标是力争实现城市信息基础设施的支撑和带动能力进一步提升，全市电子政务大数据布局雏形基本形成，智慧应用体系建设效用进一步显现，智慧产业发展水平进一步提升。从主要任务和重点工程来看，智慧城市建设依然与市民的生产生活有着密切联系，如将完成"老三区"重点公共场所免费 WiFi 全覆盖，并不断向其他县（市）区拓展；还将启动城市公共物联网的建设，物联网基础平台由市政府统一建设。重大民生领域是智慧应用体系建设的突破口和重点，计划建设公众健康服务平台，启动智慧交通的智慧调度中心建设，实现对区域交通的统一管理和调度指挥，并继续推进智能停车诱导系统的建设。

结　语

种种迹象表明，越来越多的城市把建设智慧城市作为转变城市经营管理模式、实现可持续发展的重要途径，智慧城市建设在我国已经成为新的潮流。据预测，到 2025 年对智慧城市建设的投资有望超过 2 万亿元，与之相应的智慧交通、智慧医疗、智慧家居等一系列应用服务平台的研发，必将带动相关产业链条及企业的飞速成长，将创造 400 万个就业机会，催生跨领域、融合性的新兴产业形态，引发产业链纵深整合，进一步促进社会经济的发展。

2013 年 2 月，党的十八大首次提出促进工业化、信息化、城镇化和农业现代化"四化同步"发展的思想。2013 年 12 月，中央城镇化工作会议提出新型城镇化发展理念。2014 年 3 月，党中央国务院发布了《国家新型城镇化规划（2014～2020 年）》，明确了推进智慧城市建设的方略，就是要统筹城市发展的物质资源、信息资源和智力资源利用，推动物联网、云计算、大数据等新一代信息技术的创新应用，实现与城市经济社会发展深度融合；强化信息网络、数据中心等信息基础设施建设；促进跨部门、跨行业、跨地区的政务信息共享和业务协同，强化信息资源社会化开发利用，推广智慧化信息应用和新型信息服务，促进城市规划管理信息化、基础设施智能化、公共服务便捷化、产业发展现代化、社会治理精细化。可见，智慧城市建设不仅是新型城镇化建设的重要内容，而且可以有力地推动新型城镇化建设，促进"四化同步"发展目标的实现。

主要参考文献

［1］ http：//www. gov. cn/.

［2］ http：//www. mohurd. gov. cn/.

［3］ http：//www. miit. gov. cn/.

［4］ http：//www. ndrc. gov. cn/.

［5］ http：//www. sbsm. gov. cn/.

［6］ http：//www. most. gov. cn/.

［7］ http：//www. xinhuanet. com/.

［8］ http：//www. 3sNews. net/.

［9］ http：//www. beijing. gov. cn/.

［10］ http：//www. shanghai. gov. cn/.

［11］ http：//gtog. ningbo. gov. cn/.

［12］ http：//www. wuhan. gov. cn/.

从数字国土到智慧国土

李晓波* 贾 萍

感谢社科院城环所给我们一个机会在这里跟大家交流有关智慧国土建设的一些思考。我想借此机会把我们正在构筑的关于智慧国土的一些顶层设计的想法和大家进行交流。我主要讲三个方面，一是关于数字国土建设的进展，二是当前国土资源信息化建设的需求，三是下一步对智慧国土建设的展望。

一 数字国土工程建设进展

1998 年，美国提出了数字地球的概念，同年中科院地学部组织起草了我们国家的数字地球发展战略建议。当时国土资源部积极响应，开展了数字国土工程建设，目的就是从 1999 年到

---

* 李晓波，国土资源部信息化工作办公室副主任、教授。

2010 年，用 12 年的时间，基本建成覆盖全国陆地的数字国土框架，在遥感影像数据的基础上，集成并整合土地、地质、矿产资源等各类国土资源数据。经过十几年的建设和发展，依托数字国土工程和金土工程一期建设，目前已经基本形成以国土资源"一张图"和政务办公平台、综合监管平台及公共服务平台三大平台为主体的国土资源信息化框架体系（见图 1）。

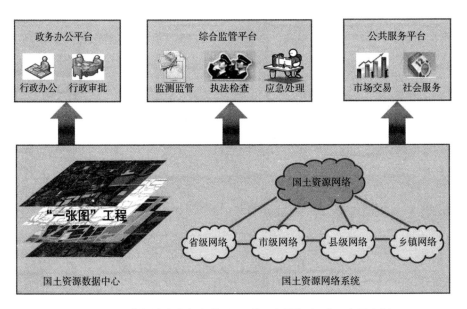

图 1　国土资源信息化框架体系（"一张图"和"三大平台"）

（一）建立国土资源遥感监测"一张图"，全面掌握国土资源及开发利用状况

集成了土地、矿产、基础地质、地质环境和地质灾害等各类

基础数据，建成了 1:10000 比例尺国土资源空间数据管理系统（见图 2）。在国土资源国家级数据中心，基本建成以覆盖全国的遥感影像为本底的"一张图"核心数据库体系，整合集成了基础地理、基础地质、土地利用现状、新一轮全国土地利用总体规划、基本农田、全国各级开发区、矿产资源规划、矿产资源储量、矿业权实地核查等基础数据，以及建设用地审批、土地供应、矿业权、矿业权设置方案等管理数据，支撑国土资源部政务办公平台、综合监管平台及各类业务应用系统的运行。国土资源"一张图"及核心数据库已经面向有关部委和科研机构提供数据共享服务。

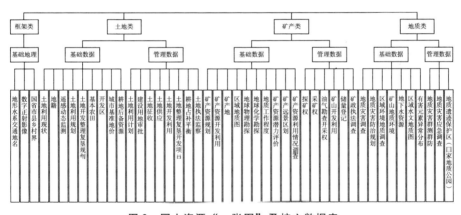

图 2　国土资源"一张图"及核心数据库

（二）建立综合监管平台，初步实现国土资源全程全覆盖动态监管

国土资源开发利用监管是国土资源部非常重要的一项职能。

以"一张图"为基础，建成国土资源综合监管平台（见图3），实现了对全国土地和矿产资源管理、开发利用全过程的动态监测监管。综合监管平台的运行模式是，在全国四级国土资源主管部门和用地、用矿单位部署了 30 个网络化信息监测系统和综合统计网上直报系统，信息采集覆盖 17 大类 421 子类 8000 余项指标，涵盖四级土地、矿产资源管理和开发 16 个环节的信息，每年实时汇总约 200 万条动态信息。通过综合监管平台，在微观上可以实时监控全国每一宗土地的规划、预审、审批、征收、供应、评估、市场交易、利用、登记发证、整治、占补平衡等开发利用的各个环节的状况，可以动态监测全国四级矿业权登记发证和矿产资源勘查、开发的整体情况；在宏观上可以实时掌握全国土地和矿产资源的总量及其变化。目前，国土资源部综合监管平台的应用覆盖全国四级国土资源管理部门及相关事业单位和 9 个派驻地方的国家土地督察机构，用户超过 7 万人。

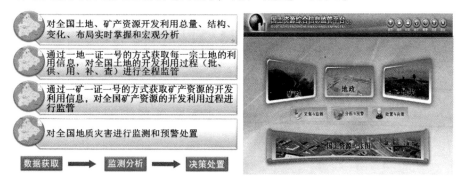

图 3　国土资源综合监管平台

（三）建立政务办公平台，以全业务、全流程信息化促进国土资源管理方式的转变

依托政务办公平台（见图4），整合国土资源部的行政办公、行政审批、综合事务等管理业务，全面推行网上办公、网上审批、网上管理，以全业务、全流程信息化促进国土资源管理方式的转变。目前国土资源部行政办公实现全流程无纸化，省级、多数市级国土资源主管部门建立了办公自动化系统并实现并轨运行。国土资源部省级和多数市级建设用地审批、建设用地预审、矿业权审批、资质审批等全部行政审批业务实现网上运行与远程

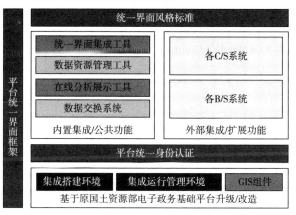

图4　国土资源政务办公平台技术架构

电子报件，构建了政务大厅受理，电子报件，接办分离，联网审查，集体会审，限时办结，窗口统一回复，结果公开的透明化、格式化、规范化和标准化等行政审批新模式。

（四）建立公共服务平台，显著提升社会服务的质量和水平

基本建成国土资源公共服务平台（见图5），建立了以国土资源门户网站为载体的社会化服务体系，不断深化政务公开、在线服务和信息共享，积极为社会公众监督政府、接受服务、表达诉求创造条件。通过在线或离线方式面向相关部门、单位及社会

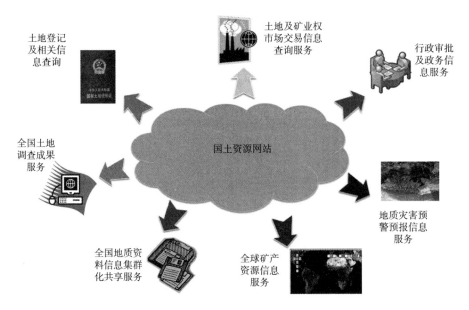

图5　国土资源公共服务平台

公众提供遥感影像、土地登记、地质资料等数据共享服务，发挥了国土资源信息在国民经济和社会发展中的基础性、公益性作用。

二　国土资源信息化建设需求

从"十二五"开始，一方面顺应国际信息技术的发展潮流，另一方面面向国土资源管理发展对信息化要实现全方位、立体化的实时监测，要有智能化、科学化的管理决策，还要有高精度、多元化的社会服务的总体需求，把建设智慧国土作为"十二五"期间国土资源信息化建设的主要目标（见图6），把物联网、云计算、大数据这些新一代信息技术的思想和理念应用于国土资源监

图6　智慧国土愿景

管、决策和服务体系的构建中，实现国土资源信息化的跨越式发展。

三　智慧国土建设展望

智慧国土现在还只是一个新的探索。国土资源部专门组织了一批专家在深入了解数字地球、智慧地球和大数据等新概念、新技术的基础上，来研究智慧国土的总体架构（见图 7）。总的来说，智慧国土不是对已有的"一张图"和"三大平台"框架的国土资源信息化框架体系的彻底颠覆，而是一个在已有的信息化架构基础上的从程序化、规范化、合理化，逐步完善和升级到科学化、精细化的过程。

（一）智慧国土的总体架构

基于以上理念，我们把智慧国土分成五层，第一层是智能感知层，就是把智能感知的相关新技术用在我们的数据获取上；第二层是网络体系层，就是以物联网的思想来扩展现有的网络构架，构建一个网络化的数据获取与传输体系；第三层是"一张图"数据资源体系层，就是以大数据的模式，形成集中、统一的数据体系（即国土资源"一张图"及核心数据库）；第四层是智能管理与决策层，即以大数据为基础进行科学化、精确化的管

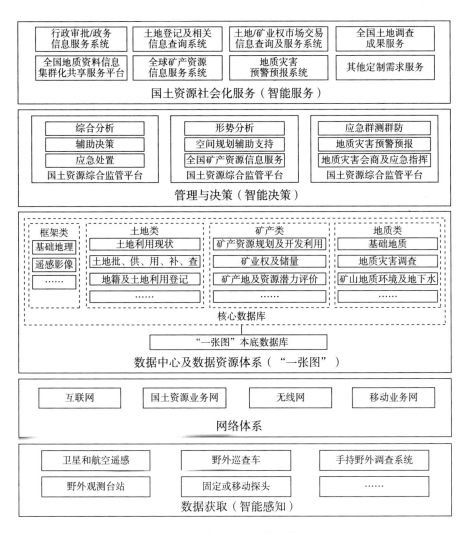

图7 智慧国土总体架构

理决策；第五层是智能社会化服务层，即面向各单位、各部门和
社会公众提供各类国土资源信息共享服务。

（二）智能感知技术应用

重点是要加强对各类数据的采集监测，灵活机动地、智能化地获取数据，并与各级管理系统互联。在没有物联网的概念之前，国土资源领域已经开展了一些感知技术的应用，但没有和业务管理系统特别是决策支持系统相关联。今后在智慧国土的建设过程中，要把这些感知技术的应用（见图8）与现有的管理系统进行互联。这些感知技术应用包括装备了数据服务器的野外巡查

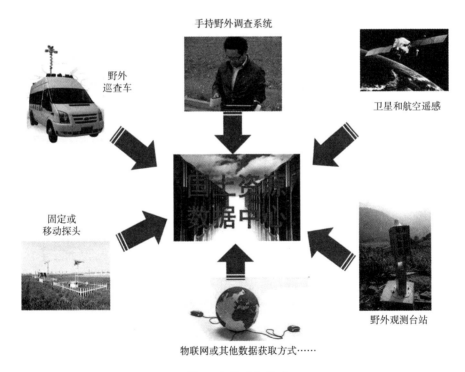

图 8　智能感知技术

车、手持野外调查掌上机、固定式的移动探头、基本农田探头监视器、地质灾害监测防治野外观测台站等，所有这些野外感知设备所采集的数据最后都通过网络实时地传输到国土资源数据中心。

（三）智能决策应用

在建立并不断充实、完善国土资源数据体系的基础上，充分应用大数据等新一代信息技术，加强数据挖掘和分析，形成有意义的管理决策信息，通过面向不同专题的智能决策体系，实现智能化的决策。国土资源智能决策（见图9）从架构上来看包括三大部分，一是国土资源综合监管平台，比如综合监管平台在土地

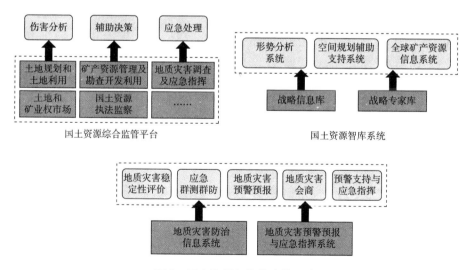

图9　国土资源智能化决策系统

执法方面的应用中，可以通过"天上看，地上查，网上管"的系统来比对、分析，及时发现和采集疑似违法图斑，之后土地督察和国土资源执法部门将到现场巡查和核查疑似违法图斑的违法情况是否属实。综合监管平台的此类应用实际上就是通过信息的挖掘和服务而产生的面向监管的智能化应用。在矿产资源领域也有此类智能化应用，也可以通过综合监管平台的这套技术体系实时监测违规违法开矿行为，形成违规违法现象的预发现。国土资源综合监管平台上线运行三年以来，已经广泛应用于土地督察和国土资源执法监察工作中。

目前，国土资源部正在开展国土资源智库系统建设，基于国土资源的海量数据，开展智库系统顶层设计研究。一是针对形势分析主要信息、指标及相关模型，开发国土资源形势分析系统，为每个季度国土资源部召开的形势分析会议提供辅助决策支持；二是基于国土资源数据库采集和规划信息，开发空间规划辅助支持系统，目前已深入应用于国土规划工作中；三是初步构建全球矿产资源分析系统；四是建立地质灾害应急指挥系统，集成和整合野外地质灾害监测点和监测台站的各类信息，通过物联网技术和信息分析技术的有机融合，预先发现异常，再通过专家会商提出意见和建议。三峡库区应急智慧系统已经建成，目前正在全国部署和推广全国性的地质灾害应急指挥系统。

（四）智能服务应用

在智能化服务方面，下一步的工作重点是挖掘个性化的需求，创新服务模式，从以往满足社会普遍需求的规范化和标准化服务，逐步升级和扩展到面向特定用户的高精度、智能化、定制化服务。目前全国已有一些地方已经在面向企业和个人的定制化服务上进行探索。

智慧地球这个概念被提出来不过短短几年的时间，中国在紧跟时代潮流和技术发展上还是比较敏锐、比较有预见性的。智慧地球的概念被提出来以后，实际上这个接力棒被中国人接过来了，是我们在认真地研究智慧地球，热烈地探讨智慧城市，也延伸到了智慧国土、智慧海洋等其他专业领域。智慧国土的建设首先要有顶层设计，还要以需求为导向，紧紧抓住实际的管理需求，找准目标，在一些领域做出有价值的应用。

点评 1

曹清尧[*]

　　对城镇化来说，一个很重要的因素就是人口的迁徙。闯关东可能是中国历史上最大的一次人口转移。改革开放以后，人口从西部地区、农村地区转移到东部地区和城市地区，这是城镇化。产业化推动了城镇化。城镇化有一定的空间，改革开放带动了城镇化人口的转移，现在依然还会有一定的空间。现在的人口结构和过去30年相比发生了根本性的变化，现在农村的"38""61""99"部队非常多，"38"指妇女，"61"指小孩，"99"指老人。不夸张地说，农村着火了都没有人灭火。例如南川区，整个区域大概有1/3的人口离开了本地在外面打工，一方水土没有养活一方人。改革开放时期南川输出了多少劳动力那是光荣，到年底都是一大功绩，现在应该是一种耻辱，因为这说明这个地方的

---

* 曹清尧，重庆市南川区区长、高级工程师。

产业发展不行，所以城镇化的人口都外迁了。现在南川区有 70 万人口，1/3 以上的人口在外面。由此可见，产业的集聚和布局有很大的问题，这带来了人口的流动，从产业布局来讲，城镇化要求对产业进行大的调整。

现在来看，我国农村有一部分到东部地区打工赚钱的农村人口，这部分人口会向城市流动。同时，东部地区有产业转移，原来有一些低素质的劳动力，在东部地区的产业转移升级以后找不到工作，就会往回走。大城市往小城市流，大城市的生活成本很高，他们会慢慢地流动到小城市。我们的城镇化不是城市化，我们的城镇化还存在一定的空间，农村向城市流动，东部向西部流动，大城市向小城市流动。流动必须有一定的条件，一个是产业的布局和发展要适合人口的就业，没有就业不可能有人口。另外一个是城镇的基础设施，城镇的基础设施是城镇化的一个决定性因素。很多农民二代、三代不愿意回农村，一是因为他们从小在城市生活，二是因为农村缺乏必要的基础设施。从城市回到农村以后上厕所不方便，洗澡都不行，这些都制约了城镇化的发展。除此之外还有城镇的文化设施，这些都是制约城镇化的基础。

不能夸大城镇化的力量，它还是有一定限度的。那么城镇化到多大的比例才是合理的？实现城镇化以后，不可能 13 亿、14 亿人口都在城市里住，比如现在农村户口迁到城市，政府会进行补助，但是如果城市户口想转回农村户口是不行的，往城市转移的过程中会有一些历史过程，也出现了一些城市化过程中的问题。过去的城镇化建设盲目地"摊大饼"，京津沪也好，一些小城市也好，都提出上百万人口甚至上两百万人口的目标，这是不现实的，很多"城市病"会出现。还有城镇化要结合乡镇情况，不能盲目"摊大饼"。

没有一定的产业支持，城镇化进行不下去，反而造成了新的社会问题。因此，城镇化不能靠政府的行政命令来推进，而要靠产业发展来带动。

城镇建设有些亟待解决的问题，比如人为地把贫富阶层分开，这对社会稳定是极为不利的。一个小区必须均衡配套富人和穷人。城镇化发展过程中有一些决策具有紧迫性，应该加强城镇化的智能化，这个发展模式很有利。到底一个地方应该盖多少房子？可以容纳多少人口？这需要进行科学的论证。现在有些地方盲目地盖房子，将来建筑垃圾也是很麻烦的。所以说，智能化和信息化的模式非常重要，包括土地利用、人口规模、交通和住房以及医院布局和城市信息的采集和动态模拟。社科院有这样一个实验室作为基础，今后可以一起示范和研究。今天与会的专家从不同的角度讲了很多观点，希望多进行一些城市实验，从各个方面研究怎么走向智能化，怎么走向智慧城市，这应该是很好的探索。

点评 2

王　铮

今天下午的报告真正地落实到了智慧城市的进展问题，城市发展应该怎么做，具体怎么解决城市发展中的问题，智慧城市的功能有哪些等。城市化首先要贯彻人是平等的，如果把不平等的思想贯彻到城市化的过程中，那么就解决不了城市化问题。我们讲城市规划的时候，尤其是搞智慧城市的时候，不能规划出分类别的城市，要按照平等的原则来规划。

各位专家讲得很好，讨论智慧城市，把智慧的特点提出来了，这是我们要做的。我们还必须搞清楚智慧模拟应该达到什么程度。就像数字城市一样，智慧城市不能包打天下，这是第一个报告的特点。

第二个报告讲的是城市规划问题，智慧城市规划有一些延展，哪些问题、哪些角度考虑，这是很值得深思的。现在搞规划还存在一些规范性问题，下一步我们需要探讨这个技术问题。

第三个报告讲的是国土资源部的智慧国土问题，我觉得他们做得很好，尤其是资料可以集成、公开，供大家使用，我接下来想了解怎么使用网站、怎么办手续。建设智慧城市需要解决这些问题，但是这些问题怎么解决呢？因为我们还没有解决方案，所以只能讨论。希望国土资源部开好头，把这个解决方案建立起来。

专题 4
城市信息采集与应用

智慧城市论坛No.1

城市调查与城市信息采集

黄朗辉*

大家好！很高兴参加"智慧城市建设"高层论坛。听了很多专家的真知灼见，很受启发。"智慧城市建设"是一个庞大的系统工程，需要与此相关的各层次、各方面在一个优化的顶层设计框架下各尽其责、协调配合，而海量的城市信息如何采集、汇总、分析，为有效实现智慧城市的建设目标提供准确、可信、可用的科学依据，是一项重要的基础工作。下面，我简要介绍一下国家统计部门城市调查与城市信息采集工作和资料研究开发的情况，和各位专家探讨一下如何围绕"智慧城市建设"，进一步改进和完善城市调查和城市信息采集的工作体制、机制和相关的技术、方法。

一 新中国的城市发展轨迹

（一）城镇化的测度方法

1949～2000 年：计算非农业常住人口或户籍人口占总人口的比重。

从 2000 年第四次人口普查开始，按照国际上通用的城市化率计算方法，以市镇总人口或市镇常住人口占总人口的比重来测度我国的城市化率，并以此调整 1978 年及以后的数据。

关于"常住人口"的定义，我国严格按照国际标准予以界定：居住在本乡镇街道且户口在本乡镇街道或户口待定的人；居住在本乡镇街道且离开户口登记地所在的乡镇街道半年以上的人；户口在本乡镇街道且外出不满半年或在境外工作学习的人。"境外"是指我国海关关境以外。

逢"0"的年份，根据 10 年一次的人口普查资料测算城市化率；逢"5"的年份采用 1% 的人口抽样调查资料测算；其他年份则采用 1‰ 的人口抽样调查资料测算。

（二）新中国的城镇化进程

新中国成立以后的六十多年，从总体上看，我国的城镇化进程随着经济社会稳中有快的发展状况，呈现逐步加快的趋势，主要分为以下四个阶段。

1. 起步发展时期（1949~1959 年）

1949 年，我国仅有城市 132 个，城镇化水平（城市非农业人口占总人口的比重）为 5.1%。

1959 年末，城市发展到 176 个，城镇化水平上升到 8.4%。

2. 低迷徘徊时期（1960~1978 年）

"文化大革命"重创了我国的经济和社会发展，城市数量和城市化水平均在波动中下行（见表1）。

表1　低迷徘徊时期城市数量及城镇化水平

年　份	城市数量（个）	城镇化水平（%）
1961	208	10.5
1965	168	9.2
1978	193	8.5（17.9）

1978 年，城市数量为 193 个。其中，地级以上的市有 101 个，县级市有 92 个。

1978 年，按老方法计算的城镇化水平为 8.5%，比 1965 年下降 0.7 个百分点。若按新方法——市镇总人口计算，则 1978

年的城镇化水平为 17.9%。

3. 稳定发展时期（1979~1996年）

1978 年末开始实行的改革开放政策极大地激活了我国经济发展的活力，农民工开始进入城镇务工，县改市、县级市升格为地级市的进程逐步加快，城市数量和城市化水平均呈现上升趋势（见表2）。

表 2　稳定发展时期城市数量及城镇化水平

年　份	城市数量（个）	城镇化水平（%）
1978	193	17.9
1988	434	25.8
1989	601	26.2
1996	666	30.5

城市数量由 1978 年的 193 个增加到 1996 年的 666 个，增加了 2.5 倍，其中地级以上的市有 221 个，县级市有 445 个。

4. 快速发展时期（1997~2012年）

国民生产总值（GDP）以年均超过 10% 的速度快速增长，大量农民工涌入城市就业并长期居住，为经济发展做出了积极的贡献。这个时期城市数量在高位波动，城镇化水平显著提高（见表3）。

表3　快速发展时期城市数量及城镇化水平

年　份	城市数量（个）	城镇化水平（%）
1997	668	29.9
2000	662	36.2
2006	655	43.9
2012	657	52.6

2012年底，地级以上的市有289个，县级市有368个。城市化水平（52.6%）比1996年（30.5%）提高22.1个百分点。

改革开放以来的34年间，城市化水平年均提高1.02个百分点，是新中国成立以来最快的时期（见图1和图2）。值得注意的是，大量农民工对城市化水平的提高功不可没，而他们的绝大多数并未享受到城市户籍居民应有的待遇，没有真正融入到城市中。如果扣除这些非市民化的农民工，我国的城市化水平很显然要大打折扣。例如，2012年的全国常住人口若扣除1.5亿左右的进城农民工，则当年的城市化水平为41.5%，比前述的统计

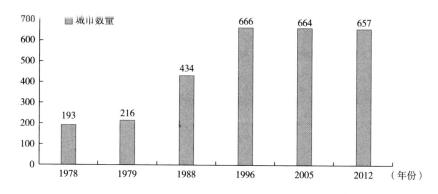

图1　改革开放以来我国城市发展进程

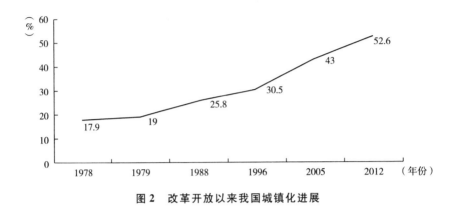

图 2   改革开放以来我国城镇化进展

数据要低 10 多个百分点。因此，按照中央稳步推进农业转移人口市民化的要求，不断提高有质量的城镇化水平，还有很多工作要做。

二   我国城市统计的发展

城市统计是国家统计调查制度的重要组成部分，系统调查收集城市经济社会发展等有关信息。该工作始建于 20 世纪 60 年代初，80 年代初正式纳入国家统计制度。随着我国经济和社会的快速发展，城镇化发展战略逐步推进，城市统计资料得到各界越来越多的重视和应用，国际交流不断扩展，国家统计局也一直致力于构建方法科学、信息畅通、来源可靠的城市统计体系。

为适应国民经济调整、发挥中心城市在经济发展中的辐射和带动作用以及加强城市管理工作的需要，国家统计局于 1962 年开展了 39 个城市的一次性调查，主要收集 39 个城市 1957 年、1960 年、1962 年的工业、基本建设、商业、财政、劳动、教育、人口等方面的指标，开创了我国城市统计工作的先河。

1974 年布置了由全部城市参与的国民经济基本情况卡片调查，大部分为工业生产情况的指标。

1979 年进一步加强了城市国民经济基本情况卡片调查工作，初步形成了全国统一的制度，并充实了指标内容。

1982 年，根据城市经济体制改革的需要，将城市国民经济基本情况卡片改为城市基本情况统计年报，并正式纳入国家统计制度。

经过多年改革和完善，城市统计指标体系内容不断扩展，已由早期单一的工业经济指标增加到涉及经济社会多层面、多领域的指标，更加强调反映城市的全面协调和可持续发展，体现科学发展观的本质要求；指标数量不断增加，最多时达到 400 多个（1992 年），目前的国家城市统计指标体系稳定在 260 个左右。

三 我国城市统计的内容

目前，我国城市统计对地级及以上城市（包括直辖市、计划单列市和地级市）和县级市采用不同的统计制度，每年统计一次，称为年报制度。

（一）地级及以上城市统计

实行《城市社会经济基本情况统计报表制度》，统计对象涵盖全国所有地级及以上城市，并分两个范围。

1. "全市"——指市辖行政区域，包括城区和所辖县（市）。

2. "市区"——指所有城区，不包括所辖县（市）。

统计指标体系包括城市人口、就业、资源、经济发展、社会发展、环境与基础设施建设等方面的内容。具体分为行政区划、人口、劳动力及土地资源，综合经济，工业，交通运输、邮电通信、能源电力，贸易、外经、旅游，固定资产投资，教育、科技、文化、卫生，人民生活、社会保障，交通、社会治安，市政公用事业，环境保护十一大类别共 261 项指标。具体内容如下。

1. 反映城市人力资源状况的子系统。包括第一大类，反映城市行政区划、人口、劳动力及土地资源方面的指标，共 41 项。

2. 反映城市经济发展状况的子系统，包括第二至第六大类共 127 项指标。其中第二大类是反映城市综合经济方面的指标，主要包括 GDP、财政收支、金融以及保险等方面的指标，共 40 项；第三大类是反映城市工业经济方面的指标，主要包括规模以上工业法人企业的指标，共 24 项；第四大类是反映城市交通运输、邮电通信、能源电力方面的指标，共 25 项；第五大类是反映城市贸易、外经、旅游方面的指标，共 20 项；第六大类是反映城市固定资产投资方面的指标，主要包括固定资产投资、房地产投资及保障性住房建设等方面的指标，共 18 项。

3. 反映城市社会发展状况的子系统，包括第七至第九大类共 59 项指标。其中第七大类是反映城市教育、科技、文化、卫生和体育方面的指标，共 31 项；第八大类是反映城市人民生活和社会保障方面的指标，共 21 项；第九大类是反映城市交通和社会治安方面的指标，共 7 项。

4. 反映城市基础设施状况的子系统，包括第十大类反映城市基础设施、供气、公共交通及城市绿地方面的指标，共 22 项。

5. 反映城市环境保护状况的子系统，包括第十一大类共 12 项指标。

（二）县级市的城市统计

实行《县（市）社会经济基本情况统计报表制度》，统计对象涵盖全国所有县级城市，并分"全市""城区"两个范围（定义与地级及以上城市分列范围相同）。

统计指标包括：乡村基本情况，人口与就业，综合经济，农业，工业及建筑业，交通运输、邮电通信、能源，贸易、外经、旅游，固定资产投资，教育、科技、文化、卫生，人民生活，社会保障，社会治安，资源、环境和可持续发展十三大类共 182 项指标。

四　数据采集方法

（一）组织实施机构

各省、自治区、直辖市统计局负责在本行政辖区内组织实施城市统计报表制度，具体组织、指导辖区内县级及以上城市统计局按照国家统一的方法和制度要求，按时完成城市年报工作任务，并确保统计数据质量，及时上报。

（二）数据采集的渠道

城市统计资料丰富多样，涉及经济社会发展的很多领域，一般从现有的统计资料中选取。主要有以下三个采集渠道。

1. 政府统计部门内部各有关专业统计资料。

2. 政府各相关部门和单位的部门统计资料，如交通运输、邮电通信、能源电力、环保、文化、教育、卫生、科技等。

3. 有关部门和单位的行政记录资料。

此外，有些来自抽样调查的指标，如人口或一些跨市（地区）的指标如铁路运输量等，由上一级统计部门对一些指标进行推算后，反馈给市级统计部门。

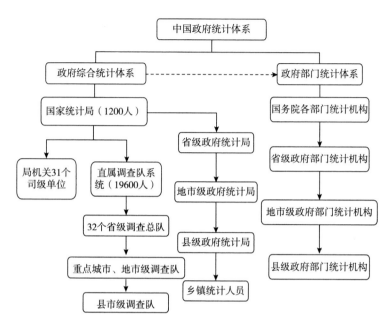

图3　中国政府统计体系组织结构

注：①32个省级调查总队包括31个省（自治区、直辖市）调查总队和新疆生产建设兵团调查总队；②县级以上政府统计系统共约9万人；③——表示直接领导关系，┈┈┈▶表示业务指导关系；④重点城市调查队指15个副省级的省会市调查队；地级市调查队共332个，包括318个地级城市调查队和新疆生产建设兵团调查总队下辖的14个师级调查队；县市级调查队共有848个。省、地、县（市）三级调查队均为国家统计局的派出机构，严格按照国家统计制度的要求，独立调查，独立上报，确保数据质量。

上述渠道中，统计专业数据和部门统计资料是城市统计数据的主要来源。

（三）数据采集的流程

1. 国家统计局。

（1）城市调查司（原城市调查总队）负责制定适用于地级

及以上城市的《城市社会经济基本情况统计报表制度》，经审批发文后，再逐级往下布置：国家统计局→各省级统计局→各地级及以上城市统计局。

（2）农村调查司（原农村调查总队）负责制定和修改《县（市）社会经济基本情况统计报表制度》，经审批发文后，再逐级往下布置：国家统计局→各省级统计局→各地级及以上城市统计局→各县（市）统计局。

2. 各有关城市统计局收集统计局内专业统计资料及部门统计资料中涉及城市统计指标的资料，负责审核并上报。

（1）地级及以上城市统计：地级及以上城市统计局→省级统计局→国家统计局城市司。

（2）县（市）城市统计：县（市）统计局→地级及以上城市统计局→省级统计局→国家统计局农村司。

五　国际视野下的城市统计

城市的绿色生态、均衡、可持续发展一直是全球研究的热门课题，对城市统计的内容、方法和数据准确性提出了严峻的挑战。为此国际统计机构指导各国统计机构做了大量工作，我国城市统计也在加快与国际规则接轨的进程中不断发展。

（一）国际统计组织

1. 联合国统计司（UNSD）：有专职部门负责收集整理各国的城市统计资料。

2. 国际统计学会（ISI）：每两年分别举办一次国际统计大会和国际官方统计学会（IAOS，ISI 的五个下设机构之一），在大会期间，都安排了有关城市统计和研究的专题。

国际官方统计学会专门设立了国际城市统计委员会（SCORUS），每两年组织一次全球城市统计的学术研究和交流。我曾经担任国际城市统计委员会的执行理事和亚洲分会主席，亲历了多次有关活动，与国际同行们有广泛的交流。

国际城市统计研究的议题非常广泛，可概括为五个词：统计、经济、社会、绿色、创新。例如：①全球化对区域和城市统计的影响；②城市政府决策与统计支持；③构建可比较的城市和区域统计框架；④城市绿色发展和测度——信息时代研究；⑤城市地理信息系统——把数据融入生活；⑥市民参与和未来信息通信技术对电子政府的影响；⑦全球经济中的区域和城市问题；⑧城市社会福利、居民收入和贫困；⑨外来人口对城市发展的影响；⑩城市布局、集聚和整群。

此外，许多国际组织根据工作需要也收集和整理城市统计资料，开展分析研究。如联合国人类住区规划署（简称联合国人居署，UNHSP）致力于推动"所有人都有合适的居所"和"在城市化过程中的可持续性人居发展"两大目标的实现，其主要出版物中就有《世界城市状况报告》。

（二）我国城市统计的国际地位和学术交流

1. 国际地位日趋重要

由于我国城乡差距大，长期以来实行城乡分治的体制，发挥城市在国民经济中的辐射、集聚和引领作用并逐步缩小城乡差别非常重要，城市统计的作用与日俱增。不管是与欧美发达国家相比，还是与发展中国家相比，我国都拥有全球鲜见的《国家城市统计制度》，统计指标体系、调查机构都比较健全，数据采集比较通畅，数据质量比较可靠，获得了国际同行们的一致赞誉。

2. 广泛参与国际学术交流

（1）经常组团参加 ISI、IAOS 和 SCOROS 组织的城市统计学术交流。

（2）积极承办有关城市统计的国际学术活动。

1995 年，国家统计局在北京承办第 50 届国际统计大会（ISI）。

2000 年，深圳市统计局承办第 22 届国际城市统计委员会

（SCOROS）学术会议。

2008 年，国家统计局承办国际官方统计学会（IAOS）大会（上海）。

2008 年，作为上海 IAOS 会议的卫星会议，北京市统计局主办了《大都市统计国际论坛》。

2013 年，香港特别行政区政府统计处承办第 59 届国际统计大会（ISI）。

六 我国城市统计面临的挑战及其对策

党的十八大报告明确提出坚持走中国特色新型工业化、信息化、城镇化、农业现代化道路，十八届三中全会《关于全面深化改革若干重大问题的决定》要求"完善城镇化健康发展体制机制"，同时"智慧城市"建设随着信息技术突飞猛进的发展进入了新的阶段，这些都对城市统计调查、信息采集和应用提出了更高的要求，城市统计还有很多不适应的地方，面临严峻的挑战。

国家统计局有关部门将根据新形势下城市统计面临的挑战、存在的问题和社会需求，研究、完善国家城市统计调查制度，与部门统计机构共同努力，为推进城镇化进程提供更好的服务。

一是进一步完善城市统计制度。要根据"智慧城市"发展等新兴的管理和社会需求，改革城市统计指标体系，改进城市统计口径和城市化计算方法。

二是改进县级市有关城区和县区统计资料的划分和采集方法，提高数据质量以及县级城市和地级及以上城市之间资料的可比性。

三是改进实行跨行业、跨行政区域管理体制的铁路运输业、金融保险业、航空运输业等数据"拆分到市"的方法，进一步提高准确性。

四是加强政府统计与部门统计数据的协调性。

五是适应大数据风起云涌的新形势，积极探索与信息技术企业和电商企业的密切合作，大大拓宽信息采集渠道，优化信息采集方式，提高工作效率。

最后，借此机会祝贺社科院城市发展和环境研究所顺应时代的呼唤，及时成立了"城市信息集成与动态模拟实验室"，希望能集中多方面的人才和多方面的智慧，发展成为国内顶尖的、权威的城市研究机构，为国家的宏观决策奉献科学依据，为企业和社会公众提供有价值的咨询意见。为此，我提两点建议。

第一，进一步拓宽城市信息采集渠道，丰富城市信息资源。国家统计部门收集的城市信息毕竟是有限的，难以满足动态模拟试验室大量深入的研究工作的需要，应该多管齐下，广开门路，广泛收集有用的海量城市信息。

第二，牵头成立"智慧城市研究与发展联盟"。现在全国开展"智慧城市"试点的城市已达近 200 个，研究"智慧城市"的机构多如牛毛，以"智慧城市"为题的高层论坛也不计其数，将上述多方面的力量整合起来，成立一个类似"产学研一体化"的民间组织，可以集中各方面的智慧，协调、优化城市信息采集和共享模式，少走弯路，加快"智慧城市"的发展进程，是一件多赢的好事情。鉴于社科院的高水平和毋庸置疑的地位，城市发展与环境研究所应该挑起"牵头"的担子。

遥感信息采集与整理

李国庆[*]

很高兴今天有机会在这儿跟大家进行交流，本来是非常忐忑，因为我们是搞自然科学方面工作的，对智慧城市本身知之甚少，没有资格站在这儿谈。但看到今天我的报告放在数据采集这个部分后我就坦然了很多。很高兴听了很多专家关于智慧城市各个角度的理解和看法，我认为我们这边的工作和智慧城市的结合是有很大空间的。

我的报告题目看起来跟智慧城市没有关系。因为大家都知道遥感是"万金油"，今天我想就如何把这个"万金油"拉到智慧城市谈一些个人的看法。第一，遥感是智慧城市的重要信息支撑手段；第二，在目前的城市规划管理中，遥感应用经验有哪些；

---

* 李国庆，中国科学院遥感与数字地球研究所卫星数据技术部主任、研究员。研究方向为高性能地学计算和空间数据设施。

第三，遥感数据共享是促进城市建设的一个关键环节。

首先，虽然说不谈智慧城市，但还是得班门弄斧，因为我们是搞信息科学的，所以喜欢从信息科学的角度来看问题。从信息科学的角度来看，智慧城市其实是一个巨大的信息系统，它也要遵守信息系统的基本规则，虽然它的模型和对象发生了变化，但是整个方法论是存在的，信息化的规律还是存在的。在这个过程中，有各种各样的信号，对地观测是一种信号来源，我们智能交通埋设各种传感器，物联网的各种传感器和环境检测的各种传感器都是为了获得信号，信号通过处理工具以后变成数据。数据被我们大家认为是数字城市的基础，但是其前端还是有信号的。数据包含的范围更大，它是转化成数字化存储以后的各种信息，从社会经济到资源环境，一直到人的行为，然后到信息。数据变成信息才是共用的东西，我们建立模型，抽象出很多模型要的信息，以及政府要用的监测指标，这些指标会变成信息的形式存在。然后就是知识，在这个方面主要说内涵还是外延。GIS 管理非常多的信息，信息很好用，但是它已经很专业化了、目标化了，所以它的内涵和外延与数据本身是矛盾、对立的，也就是说数据本身包含和隐含了更多的信息。数据里包含的信息量会更大，数据应该包含在智慧城市中，而不应该仅仅是以信息为起点。

遥感在这个信息链条的过程中发挥什么作用呢？遥感主要做

信号、数据到信息这部分工作。刚才很多专家谈到了数字地球，数字地球更多的是做数据、信息到知识这个阶段的工作。今天讨论的智慧地球，我认为它的范围应该扩展，当然智慧城市不仅仅是一个简单的扩展，而且是在数据来源、知识类型和服务对象方面的巨大拓展。数字地球还是以空间信息为核心的一种信息系统，而智慧地球是以人为核心的，或者说智慧地球和智慧城市都是以人为核心的。

为什么我们要在城市管理过程中使用遥感？第一，成本很低；第二，观测的波段可以扩大到很宽，很多肉眼无法感知的信息都可以观测到；第三，可进行量化分析。很多模型可以进行量化分析，现在很多从物联网拿到的东西是可以量化的，这个量化分析本身不是简单的数量化，它可以和科学模型及其真实性捆绑在一起的，是可证实的。这是它的一个非常主要的特征。从天空到地面，有各种各样的传感器，卫星仅仅是其中的一种传感器类型而已，这些都是遥感的传感器，有同样的规范和数据特征，所以它们在一起使用的数据量非常大。

我们再来谈谈遥感在城市管理过程中的作用以及使用经验。首先我们看一看遥感有哪些观测能力和特点。很多同志对遥感已经很熟悉了，不过我想可能还有一些同志不是特别熟悉，我简单地介绍一下吧。遥感没有严格的分类，从应用的角度大致可分为多光谱、全色、红外、高光和雷达观测，有些适合环境和资源，有些适合城市。它的能力非常强，这是它的一个特点。相对于社会统计数据，我们认为遥感数据是一种物对物的观测。我们发展传感器对我们的环境、过程、结果进行观测，这可以作为一种分析的数据来源，也可以作为一种比对的结果，还可以对模拟的结果进行验证，在这里没有人的因素，所以遥感数据是非常重要的数据，它是一种客观的数据。

遥感可以进行土地的分类研究，可以进行农业资源的调查，可以进行城市热岛和动力过程的分析，可以进行城市地面沉降和潜在风险的研究，可以做非常多的事情。城市遥感现在也是遥感研究非常重要的一个领域，更多的遥感器被用来支持这个工作。

我的重点是和智慧城市相关的，也就是数据共享与智慧城市的关系。为什么这样说呢？其实前面有的专家已经在报告中谈了数据共享的问题。不管从哪一个维度来看，数据共享都是智慧城市构建过程中的一个不可逾越的关键环节。就遥感数据共享而言，它实现的程度实际上会对智慧地球建设会起到举足轻重的作用。

来看看我国遥感技术管理的现状。共享的概念在我国已经被比较广泛地接受了。现在我们的对地观测能力非常强，有6个国家级卫星中心，有7项综合观测系统，还要建立全国无人机观测联盟。这样一个综合的观测体系，在很大程度具备城市观测能力，是非常可靠的手段。我国有几十个遥感中心，其中有大量的数据，很多都是适合城市遥感工作的。共享现在已经是大势所趋，但是碎片化问题在我们这个领域同样存在。我们做了共享，但是这个共享呈现行业性的信息孤岛。我们没有统一的规范，没有好的政策来促进可持续机制的形成，所以碎片化很严重，有数据却又无数据，即用户看起来有数据，但用起来却无数据。

　　我们到底有多少数据？根据我们刚刚做完的一个调研，我们的数据的确很大。我们国家有5~6个PB的遥感数据，数据条目有6000万条左右，加上在国内可以使用的国外卫星数据资源，就有9000万条左右。对一个特定城市地区的连续观测都可以找到。国际综合地球观测组织（GEO）在这个领域相当于一个"联合国"，它是这个领域最大的国际组织，它形成了数据共享原则。其中有三点对我们的智慧城市建设有所启发，第一点是元数据免费共享；第二点是实体数据的开放互联一定是要可获取可触摸的，但是可以设立不同的技术门槛来限制；第三点是最小化使用成本，包括时间成本、响应成本和费用成本。各个国家为此制定了不同的实施方案，美国采取的方案叫作边际成本补偿，就是规定所有国家行为产生的数据，不能为它的产生过程、存储过程和加工过程收一分钱，但是可以就共享发布这个小环节进行收费，进行成本补偿。根据这个原则，现在国内也准备推动这样一个立法工作。

在智慧城市建设中使用遥感会有一些问题。第一个问题是数据共享成为智慧城市的关键环节和瓶颈，这不仅仅是遥感数据存在的问题，其他数据都有这个难题。在进行城市区域的数据环境的建设时，同时应该考虑和国家各种各样跨机构的、跨部委的数据设施之间的衔接问题，要利用好这些资源。发改委的老师讲了空间基础设施问题，也就是下一代的电子政务，这一块有一个规划。科工局关于高分也有类似的规划，科技部也有类似的规划，都是做全国各机构协同的事情。无论哪一个机构把这件事情办成，都是一个福音。大家同时意识到这个问题然后再推动，国家的协调是另外一个层次的问题。对用户来讲这是好事，国家要想办法解决这个问题。我们在智慧城市建设的过程中要做好和国家设施的衔接工作，利用好资源，有几千万的数据为什么不用？第二个问题是，应该在此基础上构建一个城市区域的空间数据库，这需要做更多的工作，要做到时空的无缝。区域中所有的层面、空间要全覆盖，时间的无缝要求把中间缺失的数据补上，用户用的时候是完整的，而不是说我有什么给用户什么，用户想要的我没有，数据要做到从时间到空间全连续。

数据管理会出现新问题，特别是在城市应用方面，一个就是高分辨数据的安全问题，我们经常要用到的就是高分辨。高分辨数据的安全问题是非常重要的，大家知道这个安全问题有底线，就是 0.4 米和定位精准 1∶50000，我们做城市研究发现在很多情况下城市规划都是越过这条线的，在这种情况下高分辨数据的保密安全要有保障。还有一些商业数据的问题，包括飞行数据。北京市实行统一采购，采购完了各单位统一使用，这都是需要考虑的问题。还有大数据的管理问题，这么海量的数据不论是维持分布式原状进行虚拟协同，还是变成一个庞大的集中式数据中心，都会涉及大数据的管理问题。大数据检索问题、大数据的快速获取问题都是非常棘手的问题。

除此之外还有应用问题，应用问题是深层次挖掘和使用的问题，是遥感数据本身的挖掘问题，这么长时间序列的数据在一起，怎么抓信息出来，这是一个传统的技术。下面一个问题是非传统的技术，就是多学科数据的融合分析，遥感数据和 GIS 数据都是所谓的客观数据，本身没有什么意义，或者说它的商业价值仅限于加工和分发，仅限于制图等非常小的市场。但是带地理位置的数据和具有非常多光谱信息的数据一旦和人的数据和社会行为数据结合在一起，就会变得潜力无穷。美国奥巴马总统上台以后，推广了美国政府的信息公开，在这一块做了一个很大的尝试，把 8 万个数据集公开，开始没有多少应用。后来搞了一个实验，一个基金会拿了 20 万美元的奖励，然后向全社会开放，这些数据都是免费的，结果马上开发了几千个应用，很大的市场就出现了。

　　诸位专家强调所谓的在金字塔顶端发挥积极的作用，这对数据的掌握以及对智慧城市的发展有积极作用，相对应的，不能忽视非政府性的数据使用，就是说公众和企业对可开放数据的使用对智慧城市的建设很有帮助，建设智慧城市不能忽视这个工作，它们在很大程度上是智慧城市非常重要的普及和补充，不能忽视这一点。

城市电子政务系统结构与应用

李广乾[*]

感谢社科院城环所邀请我来做智慧城市方面的一个报告，今天的题目跟我的一个课题有关系，之前我承担了国家质检总局关于国家基础信息资源库的研究工作，即如何采取一种有效的方法，使信息为全国的各个业务部门共享。在这个过程中我们提出了数据管理的概念，国家法人库对基础信息资源库的建设有了一个方法，国土部的基础信息以及其他相关信息都可以使用这种方法进行利用。

由于时间的限制，我主要介绍四方面的内容。

第一，介绍一下主数据的来源和背景；第二，介绍一下主数据的含义和主数据的管理；第三，介绍一下国家主数据在电子政务方面的作用；第四，举一些例子。

---

* 李广乾，国务院发展研究中心技术经济部研究员。

主数据怎么来？主数据来源于我们对国家在应用基础信息资源库的过程中的搜寻和思索，来源于解决技术难题的方法。关于基础信息资源库，我们知道国家在 2002 年提了四大数据库，但是这些基础数据如何为部门所共享、所使用，数据如何采集，对数据库如何进行维护和运营，那些问题一直没有得到合理的解决。我做了一个对比，就是将一些重大文件里对基础数据的基本论述以及各种论述之间的不足做了一个比较，结果发现三大文件是我们在做电子政务的研究工作时通常要用到的。一个是 2002 年的 17 号文件，另一个是 2006 年的总体框架，这两个文件的起草工作我都参与过，后面的一些信息化文件我也都参与了起草。关于如何处理主数据和电子政务资源库的想法，也是源于我在相关工作过程中的思考。

在这个过程中主要面临这么几个问题：一是基础数据库的建设应该采取什么样的组织管理模式，二是基础数据、业务数据和元数据的关系，三是基础数据管理部门与其他业务部门之间的关系，四是在国家层面如何实现电子政务的发展目标。数据有很多，但是怎么使用？数据管理是实现信息共享的一种方法。我们在研究过程中发现，数据在很多行业中得到了大量应用，而且有成熟的主数据应用方法和管理方法。也就是说，能够把基本的理念和方法应用到电子政务中，使其他行业部门可以用大数据管理的理念去构建资源的管理。

　　我们简要地谈谈主数据的思维。我举三个例子，一个是在税务行业，第二个是在新产品研发行业，第三个是在公安或民政部门，这三个领域都存在一些公用信息和关于对象的不同活动，涉及业务管理的具体信息。这些信息的案例有一个共同的特点，即这个具体对象的属性信息是不变的，也就是说，关于这个属性的那些共性的信息是不变的。比如说某一个人到某一个部门去办某一件事情，形成了这个政府部门的记录。从数据的稳定性来讲，这个信息分成两块，有一块是不变的，有一块是变化的，也就是说每次办的这个业务的具体内容是变化的，但是有一个数据是不变的，比如个人的身份信息，或所代表的企业法人的信息，这些信息是不变的。所以我们在工作当中，不应该把变的信息和不变的信息作为一类东西完整地放在一个地方，而应该把这两类信息分开。我们后面还要谈到这个问题，比如说一些大型的机械产品，包括飞机，在整个研发过程中涉及特别多的模型以及不同的批次，如何在这个变化过程中找到那些基本的"框框"？

　　在介绍完主数据存在的普遍性后，我们可以对它的定义做一个概括。主数据是指满足业务协同需要的、反映核心业务实体状态属性的企业或组织机构的基础信息。当然，我们主要还是从自然人或法人的角度进行概括。这里有几点需要注意，一是关于实体状态属性，所谓属性就是指某一个对象在相当长的时间里不变的那些基本反应。它不是完全地变化，同时它也是为其他各个部门所共享的，也就是说，它是所有部门数据的最小公约数，它的特质是跨越部门、跨越流程、跨越组织。主数据和主题数据不是一回事，主数据是客户能用够使用的，在云计算的状态下，主数据可以发挥它的价值。其实主数据也是最近这几年才受到重视。

现在主要是一些大型公司比如 IBM 有数据管理系统，为银行或航空公司提供定制化服务。不同的行业或不同的领域所使用的系统会有很大的不同，但是基本理念是一样的。在对各个行业、各个部门的数据进行分解和处理的时候，都是以主数据管理系统为核心的。

原来做电子政务或基础数据库时，每一个部门都有自己的数据，而且觉得很重要，所以都把它们并列为基础数据。但是很多业务其实不是很基础，一些部门之所以会把数据库说成基础数据库，是为政府财政投资提供一些说法。按照我们刚才讲的数据管理的概念，这些数据库并不是基础数据库，而是把主数据和一般的业务流程数据放在   起。

有国家主数据的概念，国家的主数据满足国家跨部门的电子政务的业务需要，反映业务实体法定属性的状态变化的基础信息，基于法人的过程依法办事。

我说一下国家主数据在法人库方面的应用，法人主数据是在统筹质检、工商、编制以及民政等部门有关各类法人和非法人组织机构的法定基础信息的基础上建立起来的。有了这个概念以后，我们再来回顾一下原来国信办在 2005 ~ 2007 年建的企业基础信息共享工程。这个工程很大，但是有了关于主数据管理的概念以后，我们会发现我们的做法其实存在很多的问题。这个工作之所以没做好，跟我们没有科学的认识有关系，与没有从主数据管理的角度去提炼基础信息有关系。我们原来在四个部门做基础信息共享的时候，列了一个共享清单，原来国信办做过统筹。这个方面做得比较乱，既有相同的信息，又有各个部门的具体业务信息，把业务主数据信息和日常的业务信息捆绑在一起。

编制法人主数据需要满足一些基本的要求，只有这样才能构建真正的主数据管理系统。法人主数据分三个方面，第一是基本信息，第二是身份管理信息，第三是管理服务信息。第一个是关于企业法人的，第二个是关于社保法人的。关于法人主数据模型的意义，因为内容很多，所以我就不详细阐述了。如果按照主数据管理的理念做法人库的标准化工作，那么就可以理清很多原来很模糊的概念，让我们的工作做得更加有条理。主数据管理思维已经在银行的很多部门使用，我们完全可以把这个思维方法用到电子政务的资源库建设中，这样有利于节省成本。以法人为核心，将各个部门相关的业务点连起来，形成流程。

建立法人主数据管理系统面临很多技术问题以及其他障碍。主数据和大数据有什么关系？主数据强调数据基本的属性，而大数据强调数据不断变化的价值，强调在变化中发现它的实时价值。主数据的核心是对复杂数据的结构化的一种作用。大数据里有很多非结构数据，如果通过主数据的思维去编列这些数据，则可以减少非结构化的现象，主数据管理是减少大数据非结构化现象的一种有效方法。

基于城镇空间信息的人口空间化研究

杨小唤[*]　　蔡红艳[**]

一　研究背景

近年来，我国的城市化进程提速，快速发展的城市化在推动国家社会经济快速发展的同时，使人口快速集聚大城市，加速了资源的消耗，并为城市环境管理与治理带来新的风险与挑战。智慧城市的建设发展为城市环境治理提供了一种新的解决思路与途径。智慧城市就是在数字城市的基础上，利用物联网、云计算、人工智能、知识挖掘等信息技术、工具和方法，通过对人和物的

[*]　杨小唤，1965 年 2 月生，安徽潜山人，中国科学院地理科学与资源研究所、资源与环境信息系统国家重点实验室研究员。研究方向为遥感、GIS 应用及人文数据空间集成分析等。

[**]　蔡红艳，1983 年生，黑龙江省五常市人，博士，中国科学院地理科学与资源研究所助理研究员。

精确、深度感知，最终支持城市智能管理与智能服务（龚健雅和王国良，2013）。人是人类行为的载体及城市功能服务的对象，高精度的人口空间分布不仅为智慧城市建设、智慧城市规划及城市管理等提供基础数据，同时，人口空间数据也便于与自然地理、资源环境等空间数据进行融合分析，从而支持智慧城市的综合决策。然而，目前基于行政单元的统计型人口数据，其空间分辨率低，不能真正揭示行政单元内部的人口分布空间差异，加之行政单元的变迁导致数据定位不精准，时间可比性差，因而不能满足实际研究和应用的需求。要解决这些问题，就迫切需要建立一个高分辨率的基础地理单元，将统计数据与地理环境要素数据转化为一个可以进行融合分析的数据平台，统计数据空间化是最好的解决办法之一。在此背景下，本文论述了人口统计数据空间化的概念，构建基于城镇空间信息的人口空间化方法，并结合案例研究对模型参数进行优化，分析人口空间数据的尺度适宜性，以期为高精度的人口空间数据制作提供支持，并为其他统计数据的空间化提供方法论。

二　人口统计数据空间化概念及人口空间格网数据特点

人口统计数据空间化就是将基于行政单元的人口统计数据，

采用一定的空间化方法进行空间转换，展布到一定大小的地理格网上（如1km×1km等），便于与土地利用/土地覆盖、生态环境背景、地理环境等自然要素数据联合应用及融合分析。具体原理如图1所示。

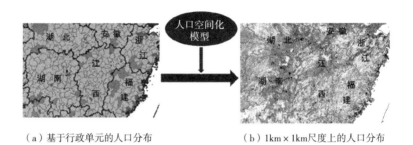

（a）基于行政单元的人口分布　　　　（b）1km×1km尺度上的人口分布

图1　统计型人口数据空间化原理

传统的人口统计数据主要来源于全国人口普查，数据每十年更新一次，且数据粒度主要基于行政单元，这就存在数据时空分辨率低的问题，而且由于行政界线的变迁，数据的空间定位不精准，时间可比性较差，限制了人口数据与地理空间数据的融合分析。相对而言，人口空间数据具有以下几方面优势。

（1）由于人口空间数据建立在一定大小的空间格网上，可与任何矢量、栅格数据融合，拓展了人口数据应用的深度与广度。

（2）由于数据表达打破行政边界，时间可比性强，便于进行时间序列分析。

（3）可以揭示统计单元内部的人口分布差异。

（4）便于空间分析，可按任意区域统计，提高应用精度。

基于格网的人口空间数据，每个格网值代表格网上的人口分布数量，根据格网的不同大小，人口数据表达的人口分布精细程度有所差异。对于城镇人口分布来说，城镇居民地体现了人口的居住空间，是人口分布的主要载体。结合遥感数据源提取的城镇空间信息可构建人口空间化方法，本文将在第三部分对这一方法进行详细介绍。而城镇居民地信息的精度与精细程度则会对人口空间数据精度产生影响，且不同城镇居民地类型的人口分布密度存在差异。通过对居民地类型再分类来提高城镇居民地信息的精细度也成为改进人口空间化的方法，这部分内容将在第四部分进行介绍。同时，在制作人口空间数据时，必须考虑数据的空间尺度问题。不同数据源表达人口空间分布的适宜性存在差异，关于如何根据现有数据条件制作适宜尺度的人口空间数据，本文将在第五部分做出论述。

三 基于城镇空间信息的人口空间化方法

随着计算机、遥感及 GIS 技术的发展，人口空间化模型逐渐从传统的人口分布理论模型，如人口－距离衰减模型（Clark，1951；陈彦光，2000；冯建，2002），发展为融合多种影响人口分布因素的综合人口空间化模型（Langford 等，1991；杨小唤等，2002；廖顺宝，2003），其中基于土地利用数据的人口空间化方法，由于其原理简单、解释性强且精度较高，因此应用广泛。例如，杨小唤等（2002）基于 Landsat – TM 影像提取全国土地利用信息，建立其与人口分布的多元统计模型，据此将县级人口统计数据展布到 1km×1km 的空间格网上，并构建了 1995～2010 年具有统一空间坐标参数、统一数据格式、统一元数据标准的全国人口时间序列空间数据库。目前，该数据库已经集成到中国科学院资源环境科学数据中心及地球系统科学数据共享平台，免费共享。以 2010 年为例，全国 1km 尺度上的人口空间分布图如图 2 所示。

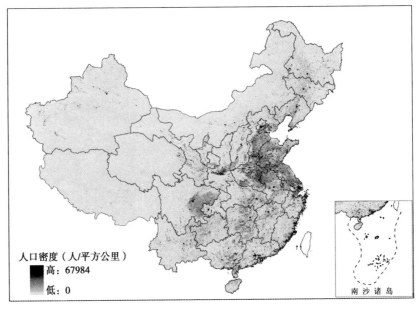

图 2　2010 年全国人口空间分布图（1km）

对于城镇人口分布来说，根据城镇居民用地与人口分布的关系，获取不同城镇用地类型的人口分布系数，进而结合城镇用地的空间数据，可获取人口空间数据。模型如下：

$$单元\ POP = \sum a_i x_i + B$$

式中：单元 POP 为该单元人口数，a_i 为该单元建模城镇用地类型的人口分布系数（人/平方公里），x_i 为该单元相应城镇用地的面积（平方公里），考虑到"无土地则无人口"的现实，建模时截距 B 应设为 0。该模型假定在同种城镇用地类型上，人口的分布密度是一致的。在实际操作过程中，可根据从多分辨率遥感影像中提取的城镇用地空间数据，将基于行政单元（如乡镇、街道、县）的人口统计数据转化到空间格网单元。同时，为保证统计单元内模拟的人口空间数据与人口统计数据一致，可对人口空间数据进行校正，校正系数如下：

$$\beta = \frac{POP_{sim}}{POP_{sta}}$$

式中：POP_{sim} 为统计单元的模拟人口空间数据，POP_{sta} 为统计单元内的人口统计数据。根据统计单元内计算的校正指数 β，对人口空间数据进行校正。校正后的人口空间数据，在统计单元内与人口统计数据保持一致，且能够反映单元内部的人口分布差异。

四 人口空间数据精度提高的改进方法

人口分布的地理空间载体是居民地，要获取高精度的人口分布数据，居民地信息不可或缺（胡焕庸，1996）。对于基于居民地信息的人口空间化方法，居民地信息的精度与精细程度直接影响人口空间数据的精度。

以山东省为研究区，在分析居住密度与影响因素相关关系的基础上，根据关系最为密切的农村居民地百分比对居民地进行重分类，探索基于农村居民地再分类的人口空间化改进方法（杨小唤等，2006）。

研究发现将居民地分为 2 类，人口空间化模型的 R^2 从 0.85 提高到 0.92，且根据验证乡镇的人口数据，分类后人口空间数据精度明显高于分类前，总体误差从 17.4% 降低到 12%，尤其是误差高于 30% 的乡镇个数从 8 个减少到 1 个，如表 1 所示。同时，选择沂水县对分类前后的人口空间数据进行精度验证。从图 3 可以看出，分类前空间化结果偏小的乡镇主要分布于西半部，西半部为丘陵、山地边缘地带，地形复杂，聚落较小，导致其使用居民地计算得到的居住密度偏低。分级后，人口估计误差的分布比较随机。说明该方法可以消除一定的系统误差。

表1　乡镇尺度精度检验结果

误差范围（％）	乡镇个数	
	未分类	分类后
＜10	12	19
10～20	10	6
20～30	5	9
＞30	8	1
RMSE	21.98	15.92
误差绝对值平均值	17.4	12

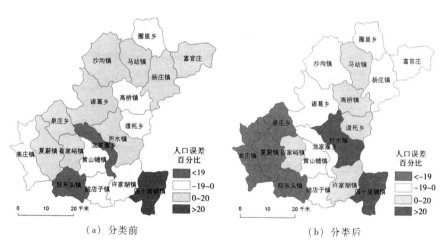

（a）分类前　　　　　　　　　（b）分类后

图3　验证县沂水县各乡镇居民地分类前后的误差分布

对于城镇人口分布，可根据城镇人口规模、夜间灯光数据（NGDC，2014）、热场分布（NASA，2014）等信息，对城镇用地进行再分类，探索基于城镇用地再分类的人口空间化优化方法。

以安徽省为例，探索利用夜间灯光数据的城镇居民用地再分类对人口空间数据精度进行改善。研究发现，城镇用地再分类能够改善人口空间化模型的精度，R^2由分类前的0.83提高到分类后的 0.85，且重分类后人口空间数据误差≤10%的县（市）比例提高 5 个百分点，而误差≥20%的县（市）比例降低 6 个百分点（见图 4）。说明引入夜间灯光数据对城镇居民地进行再分类可在一定程度上改善人口空间的数据精度，而建模城镇居民地及其他土地利用类型的精度直接影响人口空间数据精度，同时，夜间灯光数据本身存在的灯光溢出等问题，也对人口空间数据精度有影响。

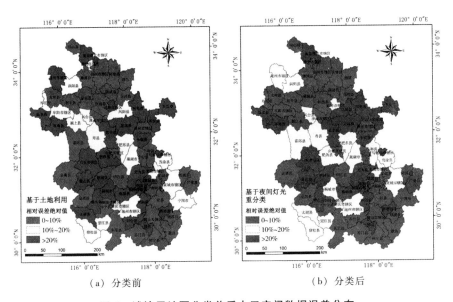

（a）分类前 　　　　　（b）分类后

图 4　城镇用地再分类前后人口空间数据误差分布

五　人口空间数据格网尺度适宜性研究

探索不同格网尺度表达人口空间分布的适宜性，可为指导人口空间数据的生产和应用提供科学依据，也能够为其他类型的统计数据空间化处理提供方法借鉴。从理论上说，格网越小的数据其精细度越高，可以更准确地揭示人口分布的空间差异，但因模型参数可获取性的限制，不可能得到高精度的任意格网尺度的人口空间数据。需要在考量现有常用背景数据的条件下（如县级统计数据、1:100000土地利用数据等），研究不同格网尺度表达行政单元内部人口空间分布的适宜性。

为探索基于不同遥感数据源的人口数据空间化的适宜格网尺度，以浙江省义乌市为研究区，分析基于中巴资源卫星 CBERS和印度测图卫星 IRS – P5 遥感影像制作的人口空间数据在不同格网尺度上的误差分布，借此衡量不同遥感源对人口空间数据表达的适宜尺度（叶靖等，2010）。

根据 CBERS 和 IRS – P5 影像，采用人机交互解译方式，提取义乌市的土地利用信息，选取城镇、农村居民地及耕地作为建模参数，根据第三部分的人口空间化模型方法，分别基于CBERS 数据源制作 100m、200m、500m 和 1km 四种尺度的格网人口数据；基于 P5 数据源制作了 20m、50m、100m 和 200m 四种尺度的格网人口数据，如表 2 和图 5 所示。

表 2 遥感数据源信息与制作的人口空间数据分辨率

数据源	空间分辨率（m）	制作的人口空间数据分辨率（m）
CBERS – 02 卫星	19.5	100，200，500，1000
IRS – P5 卫星	2.5	20，50，100．200

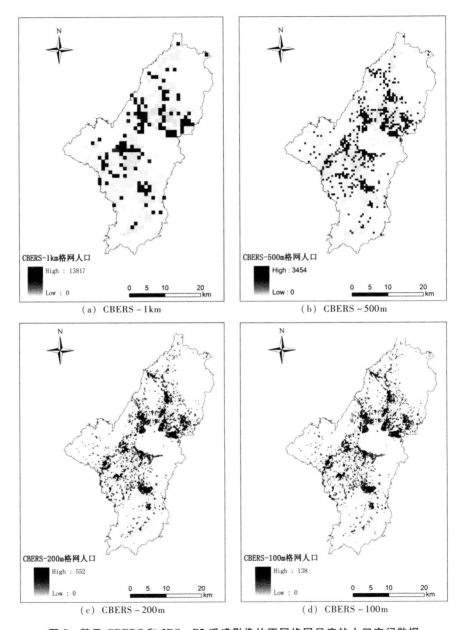

图 5　基于 CBERS 和 IRS – P5 遥感影像的不同格网尺度的人口空间数据

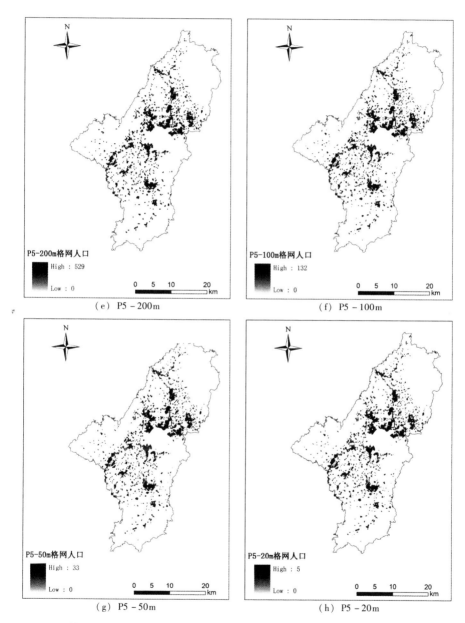

(e) P5－200m

(f) P5－100m

(g) P5－50m

(h) P5－20m

图 5　基于 CBERS 和 IRS－P5 遥感影像的不同格网尺度的人口空间数据（续）

　　根据人口空间数据与乡镇（街道）人口统计数据的相对误差，衡量不同尺度的格网对人口空间分布表达的适宜性。对于基于 CBERS 数据源的人口空间化来说，1km 格网的人口误差曲线偏离理论误差 0 值线最远，振幅最大，偏离范围介于 − 30% 至 50% 之间，误差最大；500m 误差曲线偏离 0 值线适中，振幅比 1km 较小，偏离范围介于 − 10% 至 20% 之间；200m 与 100m 格网人口乡镇误差曲线形态相似，振幅相当，离误差 0 值线最近，也就是当格网尺度缩小到 200m 时，误差曲线与误差理论 0 值线的拟合程度已无法明显提高（见图 6）。对于基于 P5 数据源的人口空间化来说，200m 格网人口乡镇误差曲线偏离理论的误差 0 值线较远，振幅较大，偏离范围介于 − 4% 至 8% 之间，误差较大；100m、50m 与 20m 格网人口乡镇误差曲线形态相似，振幅

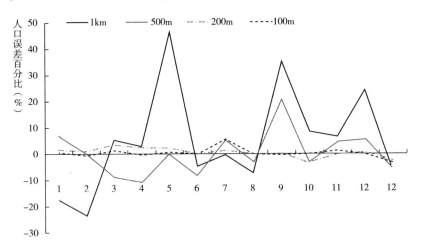

图 6　不同格网尺度人口乡镇（街道）误差分布曲线（CBERS）

相当，离误差 0 值线较近，偏离范围均介于 - 3% 至 3% 之间，误差较小，也就是当格网尺度缩小到 100m 时，误差曲线与误差 0 值线的拟合程度已无法明显提高（见图 7）。

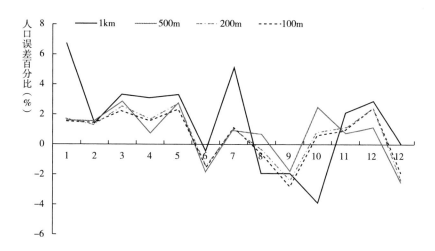

图 7　不同格网尺度人口乡镇（街道）误差分布曲线（IRS - P5）

通过分析 CBERS 和 IRS - P5 遥感影像表达人口空间分布的适宜性发现，采用 CBERS 源数据及 P5 源数据进行人口数据空间化，其数据产品即格网人口的适宜尺度分别是 200m 和 100m。

同时，引入景观生态指数，评价基于 Landsat - TM 遥感源的人口空间化的尺度适宜性。以山东省为研究区，根据 Landsat - TM 影像提取的土地利用数据，生成 100 ~ 1000m（100m、200m、……、1000m）10 个格网尺度的人口空间数据，引入景观生态学的相关指数和方法，探索不同格网尺度对人口空间分布的表达性（王静等，2012；李月娇等，2014）。

　　图 8 给出了部分景观指数随人口数据空间尺度有规律波动的变化趋势，具体指数的解释参见表 3。可以看出在 400m 尺度上，景观指数变化出现拐点，人口聚居区的数量最多，且各聚居区之间的面积差异最大，形状最简单，景观中优势人口聚居区类型的优势最大，各类型间非均衡程度最高，所反映的人口分布信息完整性好，这说明基于 Landsat – TM 影像提取的土地利用数据进行人口数据空间化，并不是尺度越精细，其所能表达的信息就越细致完整，进行山东省人口空间化，400m 是一个比较适宜的尺度。

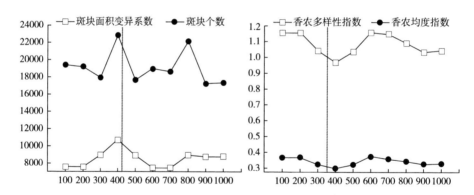

图 8　部分景观指数随人口数据空间尺度有规律波动的变化趋势

表 3　主要景观指数的描述

类　别	名　称	单位	范　围	含　义
面积边缘密度	斑块面积变异系数（PSCV）	hm²	(0，+∞)	反映斑块面积的变异程度
	斑块个数（NP）		[1，+∞)	用来描述景观的异质性和破碎程度，NP 越大，景观异质性和破碎程度越大

续表

类　别	名　　称	单位	范　围	含　义
多样性	香农多样性指数（SHDI）		(0，+∞)	能反映景观异质性，特别对景观中各斑块类型非均衡分布状况较为敏感，即强调稀有斑块类型对信息的贡献
	香农均度指数（SHEI）		[0，1]	香农多样性指数除以给定景观丰度下的最大可能多样性

结　语

　　人口空间化方法是将统计型人口数据展布到地理空间最有效的途径之一，高精度的人口空间数据可为智能城市建设、城市规划等提供基础的数据支持。根据遥感影像提取的城镇空间信息构建空间化模型，可将人口统计数据转化到地理空间格网上。城镇空间信息的精度直接影响人口空间的数据精度，同时，不同数据源对人口空间数据表达的适宜性不同，空间尺度问题是人口空间化过程需要注意的问题。提高城镇空间数据精度，引入其他辅助参量，如不透水表面、城市热场信息等，改进空间化建模参数、模型方法也将是未来需要深入的工作。

参考文献

［1］ Clark，C．，"Urban Population Densities," *Journal of the Royal Statistical Society Series A*

（General），1951，114（4）：490－496.

［2］ Langford，M.，Maguire，D.，Unwin，D.，"The Areal Interpolation Problem：Estimating Population Using Remote Sensing in a GIS Framework," *Handling Geographical Information：Methodology and Potential Applications*，I. Masser and M. Blakemore. London，Longman，1991，55－77.

［3］ National Aeronautics and Space Administration（NASA），http：//modis. gsfc. nasa. gov/data/dataprod/dataproducts. php？MOD_ NUMBER＝11，2014.

［4］ National GeophysicalData Center（NGDC），http：//ngdc. noaa. gov/eog/dmsp. html，2014.

［5］陈彦光：《城市人口空间分布函数的理论基础与修正形式——利用最大熵方法推导关于城市人口密度衰减的 Clark 模型》，《华中师范大学学报》（自然科学版）2000 年第 4 期。

［6］冯健：《杭州市人口密度空间分布及其演化的模型研究》，《地理研究》2002 年第 5 期。

［7］龚健雅、王国良：《从数字城市到智慧城市：地理信息技术面临的新挑战》，《测绘地理信息》2013 年第 2 期。

［8］胡焕庸：《句容县人口之分布》，《地理学报》1996 年第 3 期。

［9］李月娇、杨小唤、王静等：《基于景观生态学的人口空间数据适宜格网尺度研究——以山东省为例》，《地理与地理信息科学》2014 年第 1 期。

［10］廖顺宝、孙九林：《基于 GIS 的青藏高原人口统计数据空间化》，《地理学报》2003 年第 1 期。

［11］王静、杨小唤、石瑞香：《山东省人口空间分布格局的多尺度分析》，《地理科学进展》2012 年第 2 期。

［12］杨小唤、江东、王乃斌、刘红辉：《人口数据空间化的处理方法》，《地理学报》

2002 年增刊。

[13] 杨小唤、刘业森、江东、罗春、黄耀欢：《一种改进人口数据空间化的方法：农村居民地重分类》，《地理科学进展》2006 年第 3 期。

[14] 叶靖、杨小唤、江东：《乡镇级人口统计数据空间化的格网尺度效应分析——以义乌市为例》，《地球信息科学学报》2010 年第 1 期。

点评1

裴相斌*

首先感谢城环所邀请我参加会议,让我学了很多东西,谈不上点评,我本身也是学遥感的,对这个很感兴趣。

首先,对智慧城市的认识。IBM说了智慧地球,企业发展到一定程度就要找一个突破口。把这些集成起来可能对行业产生很大的推动作用,促进信息领域的应用,如智慧电力、智慧环保等,开发了很多应用,如计算机综合领域在各个方面的应用。在环保上经常有这个词——智慧开发,这是什么意思呢?发展是必需的,这是硬道理,那么以降低环境压力的方式进行环境开发可算是智慧开发,从这两个角度来讲,我觉得智慧城市实际上就是城市发展、管理、运行都是建立在智慧的基础上。

智慧城市一方面指利用新一代信息技术为城市发展提供决策

* 裴相斌,理学博士,环保部污控司高级工程师。

支持。美国就是基于资源环境的承载力，包括水资源、土地资源，设计开发方案，供政府决策使用，实际上还是环境和环境资源以及城市发展如何在数据支撑下有机结合，这是智慧城市的一方面。

另一方面是降低环境压力。最简单来讲，北京的污染比较严重，污染是一圈一圈的，污染物根本扩散不出去，什么样的污染形式和格局对土壤有利？实际上这个就是指污染缺陷。智慧城市的目的是智慧管理和智慧决策，根据现有的大量数据，为政府进行决策提供有效的支撑。

还有就是提供信息服务。因为我本身是搞环保工作的，我接触过一些国外开展的工作，渔业资源还有周边城市的发展，整个形成一个系统，我觉得这个发展方向是非常有潜力的，希望以后可以对环境科学包括环境保护提供一个很重要的支撑。中国社会科学院城市信息集成与动态模拟实验室应该开展信息集成工作，只有集成才能被政府决策所利用，并为其提供解决方案。

总结点评

潘家华

今天大家很辛苦，有在座这么多专家对智慧城市和信息集成与动态模拟感兴趣并做出了很大贡献，让我们感到很欣慰，也坚定了我们的信心，这件事情一定可以做成，一定可以做好。刚才环保部裴高工谈了对智慧城市的理解，有的翻译成智慧，有的翻译成精明，我们翻译的时候就说是智慧。中国人善于演义，把这个演义成智慧以后，就算我们的创新，中国人会创新，这是高于西方的，我们感到很自豪。

前面牛教授和王院士讲得很好，就是高效、全面、准确、便捷、绿色、人本，但是这些内容说起来容易，做起来还是很复杂的，因为要有一系列很复杂的程序。首先是精准的数字化，只有数字化但数据不精准是没有用的，没有数字也是不可以的；其次，要有数字网络化，最后形成不了网络也没有用；再次，要集成云计算，这些数据必须集成，最后通过计算得到所需要的结果，否则就没有价值。计算以后还要扁平可控化，让每个人都可以使用，而不是只有少数的精英可以使用。我们要避免什么东西弄好了以后，只有富人可以享受，而穷人不可使用，这样数字化了以后所有的人都可以享受，从这个意义上讲，智慧城市是一个惠民工程。

最后还有一个动态优化的问题。智慧必须还得有一个动态的过程，有一个优化的过程，所以智慧城市实际上在很多层面不是那么简单的单一工作。今天专家的发言给了我们很大的信心，大家提到顶层设计、数字化、网络化、云计算、可控优化，以及典型案例应用等，表明这个工作已经有相当好的基础，接下来就是要在此基础上更进一步发挥我们中国社会科学院城市信息集成与动态模拟实验室的作用，我们搞社会科学不能纸上谈兵，而要做一点实际的工作，希望通过这样一个实验室，来创建一个平台，以便大家开展工作。今天只是实验室的启动，启动了以后实验室不会到此为止，而是要大步往前走。当然实验室的发展离不开大家的共同努力。我们创建了这样一个实验室，要为社会服务，为科研服务，为城市决策服务，为城市居民服务。

要尝试一种创新，我们的实验室并不是扛扛旗帜，而是需要不断创新和探索。我们有机遇也有挑战，这是一种责任，也是一种使命。今天的实验室发展座谈会和论坛非常成功，我代表城环所对大家的贡献，对大家的坚持，以及对大家今后的关注和参与，表示感谢和期待。

中国社会科学院城市信息集成与动态模拟实验室简介

一 建设背景

在《国家中长期科学和技术发展规划纲要（2006～2020）》中，专门设立了"城市发展与城镇化科技问题研究"的专题，提出了未来 15 年城市发展与城镇化科技发展的目标：建立城镇化预测监控信息系统，为人口集聚、经济社会发展与城镇化进程的协调发展提供技术保障；研究城镇发展的资源合理利用、环境污染治理、交通状况改善、居住环境和防灾减灾的关键技术，建设可持续发展的现代化城镇；促进城镇建设相关产业走新型工业化发展道路，为城镇建设提供产业支撑，最大限度地吸纳农村富余劳动力。国家"十二五"规划和党的十八大提出了哲学社会科学创新体系建设的新任务，明确指出要建立若干社会科学国家重点实验室，并指出要大力推进国家电子政务建设，完善地理、人口、法人、金融、税收、统计等基础信息资源体系，强化信息资源的整合，规范信息的采集和发布，加强社会化综合开发利用。

应中央和国家要求，作为城市研究的"国家队"，中国社会科学院城市发展与环境研究所义不容辞地担当起城市实验室的建设重任。由于城市系统的复杂性，以及城市研究传统手段的局限性，在城市信息不完备的情况下，城市研究一直处于"盲人摸象"的水平，城市管理也是"头痛医头，脚痛医脚"，无法适应城市发展新形势的需要。这就要求我们摒弃以往"刀耕火种""零打碎敲"式的城市研究模式，站在一个崭新的高起点上，充分发挥中国社会科学院城市研究队伍的综合优势，联合有关部委、研究机构，以及中国科学院和重点高等院校的相关研究力量，不断完善城市研究的方法论体系，推进城市研究与管理的方法和手段创新。在这种情形下，中国社会科学院城市信息集成与动态模拟实验室（以下简称"城市实验室"）应运而生。

二 发展历程

早在 2004 年，以刘治彦研究员为首席专家的研究团队，就承担了中国社会科学院的重点项目——"城市经济数据库构建与应用"，开展了城市发展的模拟研究。研究成果先后在第 20 届国际科学数据大会（CODATA）和 2006 年"两岸三院"（中科院、社科院、台湾"中央研究院"）科学数据大会上发布，赢得同行专家的好评。2010 年底城市实验室被列为中国社会科学院首批 18 个重点实验室之一，以后进一步明确了发展思路，积极开展对外合作，先后与有关部委、科研机构建立了专业联系，承担了一些研究项目，依托实验室招收了首批博士后入站开展科研工作。同时，先后征求了有关学界专家和政府管理部门领导的意见，得到了积极支持，一致认为城市实验室势将对城市研究与管理产生革命性的影响，是"智慧城市"建设的核心工程，应加快推进。2013 年 10 月，中国社科院城市信息集成与动态模拟实验室专家委员会正式成立，社科院的李扬副院长亲任专家委员会主任，一大批顶尖的城市经济学者、统计学者、政策模拟学者、信息技术学者受聘为委员，极大地提升了城市实验室的知名度，更为实验室的发展提供了学术支持和广阔的渠道资源，推动实验室向更高水平迈进。

三　发展目标

城市实验室拟充分利用现代信息技术对城市复杂系统的信息进行采集、整理、分析，运用数据库、地理信息系统、移动互联网和大数据分析等新兴技术，将城市经济、社会与空间信息进行有机整合，将统计数据与空间数据结合起来，对城市系统的运行进行定量模拟与监测，为城市的科学决策与管理以及科学发展提供有力的技术支撑。

力争用 5～8 年初步形成有影响力的城市模拟实验室，用 8～10 年建成我国城市监测与模拟领域的顶尖实验室。

四　对外合作

当前国外建立的城市模拟实验室主要有：美国华盛顿大学城市模拟实验室、英国牛津大学城市实验室、澳大利亚悉尼大学城市实验室等。在国内，中国科学院与北京大学也建立了相关的实验室。

中国社科院城市信息集成与动态模拟实验室目前已与中科院、住建部等机构联合申报国家 GIS 技术创新联盟，积极参加相关的高层次的学术研讨会。与美国、澳大利亚等国家的相关实验室和国内代表型城市商讨合作协议，积极探索建立联合开放实验室。充分利用实验室平台吸引著名专家学者来实验室讲学和开展合作研究，有计划地选派实验室专家到国外实验室开展合作研究。同时，也计划选择几个典型城市作为基地，建立联合实验室，搭建实验室应用平台，为各类城市决策提供技术支撑，推动智慧城市的建设。

五　顾问专家委员会

顾问专家委员会是城市模拟实验室的最高学术指导机构，于 2013 年 10 月正式成立，现任专家委员会主任为中国社科院副院长李扬，副主任为中国社科院城环所所长潘家华、党委书记赵燕平和副所长魏后凯，秘书长由中国社科院城环所刘治彦研究员担任。此外，学术委员会还吸纳了众多国内著名学者，其研究领域涉及城市经济、城市规划、统计学、交通物流、国土资源、地理信息系统、政策模拟等，专家委员会名单如表 1 所示。

表 1　中国社科院城市信息集成与动态模拟实验室专家委员会名单

委　员	单　位	职　务
李　扬	中国社会科学院	副院长、学部委员
李京文	中国工程院、中国社会科学院	院士、学部委员
牛文元	中国科学院、第三世界科学院	国务院参事、院士
王如松	中国科学院城市生态国家重点实验室	中国工程院院士、主任
潘家华	中国社会科学院城市发展与环境研究所	所长
赵燕平	中国社会科学院城市发展与环境研究所	党委书记
魏后凯	中国社会科学院城市发展与环境研究所	副所长
刘治彦	中国社会科学院城市发展与环境研究所	党委委员、研究室主任
李善同	国务院发展研究中心发展战略部	原部长、研究员
陈宣庆	国家发改委国家地理空间信息办公室	司长、研究员
汪子章	国家开发银行	行务委员、专家委常务副主任
陈　维	移动通信研究院首席科学家	首席科学家

委 员	单 位	职 务
黄朗辉	国家统计局城调队	原队长、高级统计师
戴定一	中国物流技术协会	董事长、研究员
何 涛	中国社科院调查与数据中心	主任
李 迅	住建部中国城市规划设计研究院	副院长、教授级规划师
李晓波	国土部信息中心	副主任、教授
魏紫川	新华社新华网	副总裁
陈阳波	人民日报社《人民论坛》	副主编
王 铮	中国科学院科技政策与管理科学研究所	研究员
梁 军	中国科学院北京超图股份公司	副总裁
李国庆	中国科学院遥感与数字地球所	主任、研究员
党安荣	清华大学城市规划研究所	教授
裴相斌	环境保护部污控司	高级工程师
李广乾	国务院发展研究中心	高级工程师
杨小唤	中科院资源环境信息系统国家重点实验室	研究员

六　实验室负责人

实验室现任负责人为刘治彦研究员。刘治彦是中国社会科学院城市发展与环境研究所党委委员、城市经济研究室主任、研究员，中国社会科学院城市信息集成与动态模拟实验室负责人，中国社会科学院研究生院教授、博士生导师。长期从事城市经济学理论、方法与应用研究，负责中国社会科学院城市经济学重点学科建设。为中国城市科学研究会、中国城市经济学会等学术团体理事，中国人民大学复印报刊资料《区域与城市经济》编委，国家社会科学基金项目、国家软科学研究项目评审专家。近年来主持40多项国家社会科学基金、中国社会科学院重大（点）、国家部委和地方政府委托以及国际合作研究项目。独著、主编和合著学术专著30多部，在 *Environment and Urbanization*（Asia）、《城市发展研究》《城市问题》《人民论坛》等发表中英文学术论文及研究报告100多篇。主持或参与完成的科研成果获全国"五个一工程奖"、国家发改委优秀研究成果二等奖、中国城市经济学会优秀著作奖等多项奖励，有关政策建议得到决策层的采纳。

七　重要活动

2013年10月23日，由中国社会科学院城市发展与环境研究所主办的"智慧城市建设"高层论坛暨"中国社会科学院城市信息集成与动态模拟实验室"发展座谈会在北京举行。中国社会科学院副院长李扬出席会议并致辞，国务院参事、第三世界科学院院士牛文元，中国科学院院士王如松，中国工程院院士李京文等出席会议并发表演讲。此外，来自中国社会科学院、中国科学院、国务院发展研究中心、国家发改委、住房和城乡建设部、国土部、环保部、国家统计局、国家开发银行、清华大学、中国移动通信研究院等的著名专家学者共 90 余人出席研讨会。会议围绕智慧城市建设的内涵与进展、城市发展定量分析、城市动态模拟方法与应用和城市信息采集与应用等一系列理论与现实问题进行了分析研讨。会议开幕式由中国社会科学院城市发展与环境研究所所长潘家华主持。

中国社会科学院副院长李扬在致辞中指出，智慧城市建设是新型城镇化与城市现代化的重要抓手，在信息爆炸及大数据的背景下，如何运用新一代的信息技术、智能技术，动态采集城市系统信息，并通过计算机技术，系统模拟城市的运行机制与状态，对城市进行科学合理的调控，从而实现城市健康发展，是一项重大的理论与现实问题。城市系统包含经济、社会、文化、生态环境等多个子系统，因此，智慧城市的建设和城市模拟技术的发展，必然需要多学科共同协作完成。李扬副院长对中国社会科学院城环所在生态、绿色、低碳、智慧城市建设方面的研究工作和取得的成绩给予了高度评价与肯定，并希望作为社科院重点实验室之一的"城市信息集成与动态模拟实验室"能够早日成为智慧城市建设的核心力量，为我国走新型城镇化道路提供强有力的技术支撑。

国务院参事、第三世界科学院院士牛文元以"智慧城市的顶层设计"为主题探讨了智慧城市的建设。他认为智慧城市的建设体系包括顶端规划设计的制度文本、标准统一融合的设计文本及多元智慧服务的运行文本三个方面，并指出建设智慧城市的战略要点主要在于五个方面，一是智慧城市的顶层设计与总体规划，二是基础框架的布设、融合、标准，三是数字生产、数字流通、数字分配、数字消费建设，四是全方位物联网、监测网、计量网建设，五是市政管理与家庭智能生活建设。

中国工程院院士王如松，国务院发展研究中心发展战略部原部长李善同，中国移动通信研究院首席科学家、"千人计划"专家、中国无锡物联网研究院院长陈维，中国城市科学研究会秘书长李迅，中国科学院科技政策与管理研究所研究员王铮等人也分别以"五位一体"建设生态智慧城市、城市化对经济增长的影响分析、城市动态的感知分析和网络运营优化、智慧城市助力新型城镇化、政策模拟与城市管理为题发表了演讲，探讨了智慧城市的建设等问题。

与会嘉宾纷纷从不同的视角与演讲专家和学者进行交流讨

论，为中国智慧城市的建设与城市动态模拟提供了许多有创意的见解和建议。另据中国社会科学院城市信息集成与动态模拟实验室负责人刘治彦研究员介绍，参会专家还为城市实验室的建设提出了很好的建议，一部分专家已受聘为城市实验室的顾问，指导城市实验室今后健康发展。

图书在版编目（CIP）数据

智慧城市论坛. No. 1 / 李扬等主编. —北京:社会科学文献
出版社，2014.10
ISBN 978 - 7 - 5097 - 6491 - 6

Ⅰ. ①智…　Ⅱ. ①李…　Ⅲ. ①现代化城市 – 城市建设 –
研究　Ⅳ. ①C912.81

中国版本图书馆 CIP 数据核字（2014）第 216933 号

智慧城市论坛 No. 1

主　　编／李　扬　潘家华　魏后凯　刘治彦

出 版 人／谢寿光
项目统筹／周　丽
责任编辑／颜林柯

出　　版／社会科学文献出版社·经济与管理出版中心（010）59367226
　　　　　　地址：北京市北三环中路甲29号院华龙大厦　邮编：100029
　　　　　　网址：www. ssap. com. cn
发　　行／市场营销中心（010）59367081　　59367090
　　　　　　读者服务中心（010）59367028
印　　装／三河市尚艺印装有限公司

规　　格／开　本：787mm × 1092mm　1/16
　　　　　　印　张：14.75　字　数：141 千字
版　　次／2014 年 10 月第 1 版　2014 年 10 月第 1 次印刷
书　　号／ISBN 978 - 7 - 5097 - 6491 - 6
定　　价／69.00 元